FIRESIDE SERIE

PARALLELE LEBENZEITEN

FLUKTUATIONEN IM QUANTENFELD

FIRESIDE SERIE

PARALLELE LEBENSZEITEN:
FLUKTUATIONEN IM QUANTENFELD

In der Tat Verlag

PARALLELE LEBENSZEITEN:
FLUKTUATIONEN IM QUANTENFELD

Titel der amerikanischen Originalausgabe:
PARALLEL LIFETIMES: FLUCTUATIONS IN THE QUANTUM FIELD

Umschlaggestaltung von Carmel Bartz
Übersetzt aus dem Amerikanischen von Helga Krachler
Bearbeitung von Angelika Tessa

Herausgeber der deutschsprachigen Lizenzausgabe ist der In der Tat Verlag. Diese Übersetzung basiert auf der englischsprachigen Ausgabe, die die von Ramtha übermittelten Originallehren enthält; ein möglicher Verlust von Teilen der Aussage bei der Übersetzung ist unvermeidlich.

Diese Veröffentlichung basiert auf der teilweisen Transkription der Ramtha Dialogues®, einer Serie von Tonband- und CD-Aufnahmen (eingetragen beim United States Copyright Office) und erfolgt mit freundlicher Genehmigung von JZ Knight und JZK, Inc.

Dieser Text basiert auf der teilweisen Transkription von Ramtha Dialogues®, Assay I, 2.-10. Juni 2001. Copyright (P) 2001 JZ Knight.

Für weitere Informationen über Ramthas Lehren wenden Sie sich bitte an: **Ramtha's School of Enlightenment**,THE SCHOOL OF ANCIENT WISDOM, A Division of JZK, Inc. PO Box 1210, Yelm, WA 98597, USA.
360.458.5201 800.347.0439, http://www.ramtha.com, www.jzkpublishing.com

ISBN: 978-3-89539-508-6
1.Auflage Mai 2011

Druck und Bindung:
AALEXX Buchprduktion GmbH
Großburgwedel

In Der Tat Verlag
Ammergauer Str. 80
86971 Peiting
Tel.: 08861-59018 Fax: 08861-67091
www.michaelsverlag.de
info@michaelsverlag.de

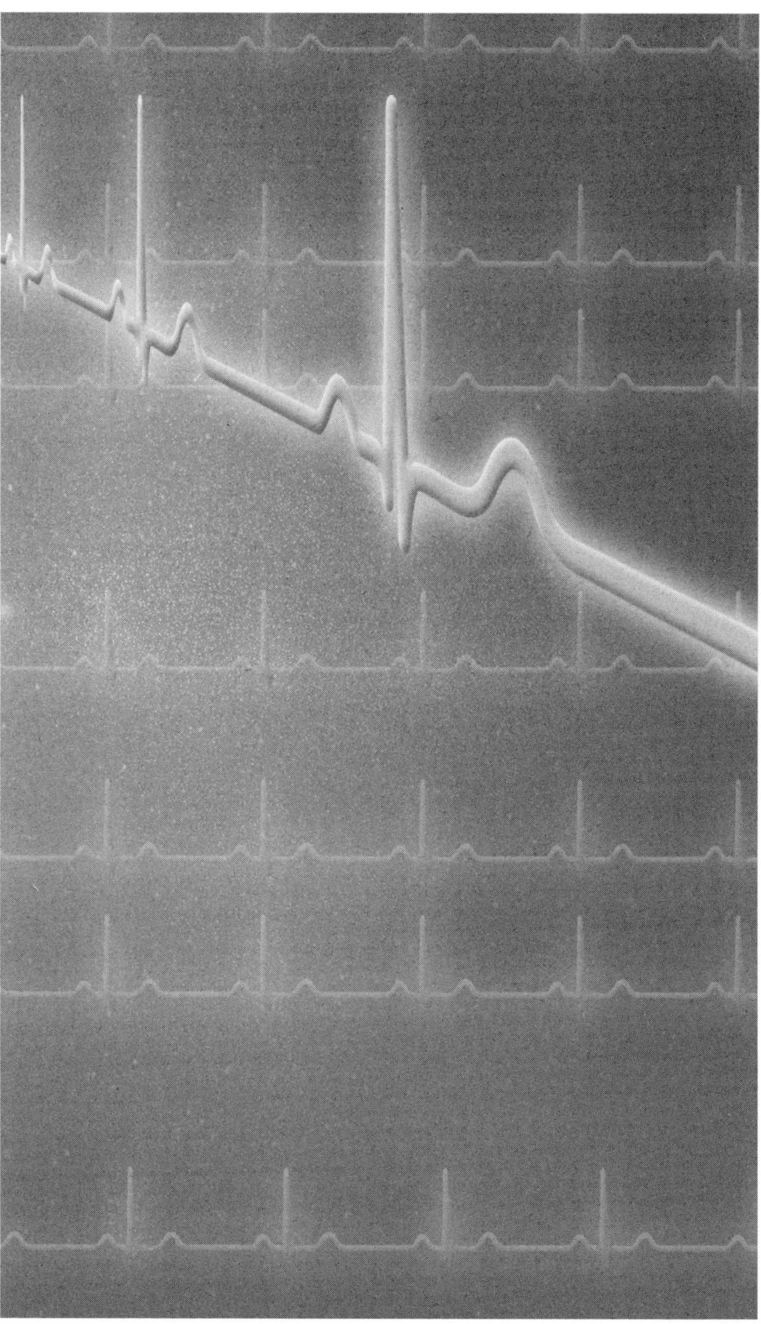

Diese Lehrserie ist für all die Schüler des Großen Werkes bestimmt, die Ramthas Lehren lieben.

Wir empfehlen Ihnen, eine ideale Atmosphäre zum Lernen und Kontemplieren zu schaffen.

Machen Sie es sich am Kaminfeuer gemütlich. Bereiten Sie sich vor.
Lernen Sie in aller Aufgeschlossenheit und lassen Sie Ihr Genie hervorkommen.

Vorwort

Die Fireside-Serie enthält in Form einer fortlaufenden Bibliothek eine Sammlung der faszinierendsten und interessantesten Themen, die Ramtha bisher lehrte. Diese Lehrserie ist für all die Schüler des Großen Werkes bestimmt, die Ramthas Lehren lieben. Diese laufende Sammlung soll auch als Unterrichtsmaterial für die Schüler von Ramthas Schule der Erleuchtung und für all diejenigen dienen, die Ramthas Lehren kennen oder sich dafür interessieren.

Im Lauf der letzten drei Jahrzehnte hat Ramtha seine Ausführungen über die Beschaffenheit der Realität und ihre praktische Anwendung in Form zahlreicher Disziplinen ständig methodisch vertieft und erweitert. Der Herausgeber geht davon aus, dass der Leser bereits an einem von Ramthas Schule der Erleuchtung veranstalteten Anfänger-Retreat oder Workshop teilgenommen hat oder zumindest Ramthas einführende Lehren für Anfänger kennt. Die erforderlichen Basisinformationen für Anfänger finden Sie in *Ramtha: Das Erschaffen von Realität. Ein Leitfaden für Anfänger* (Horamus Publishing, Inc. 1997), oder im englischen Original: *Ramtha: A Beginner's Guide to Creating Reality,* Third Edition (Yelm: JZK Publishing, a division of JZK, Inc., 2004).

Dieser Fireside-Serie ist ein Glossar beigefügt, in welchem einige grundlegende, von Ramtha verwendete Konzepte erklärt werden, damit sich der Leser leichter mit den Lehren vertraut machen kann. Wir haben auch eine kurze Einführung von JZ Knight mit aufgenommen, in der sie Ramtha vorstellt und erzählt, wie alles begann. Wir wünschen Ihnen viel Spaß und Besinnlichkeit beim Lesen.

Inhaltsverzeichnis

Abbildungen

WER IST DER GROSSE ARCHITEKT DER SCHÖPFUNG?

Diese Schule war in all den Jahren, in denen sie grundlegend besteht, eine Schule, die auf einem reinen Konzept basiert: dass ihr Gott seid. Aber einfach zu sagen: „Jetzt bin ich erleuchtet, ich habe die Antwort", würde davon ausgehen, dass ihr die Natur Gottes zutiefst und vollkommen verstehen und kennen würdet. Die Schule begann mit dieser Prämisse und eurer Beziehung als menschliche Wesen zu dieser profunden Aussage.

Diese Schule erlebte viele Jahre der Entwicklung von Disziplinen – sieben Jahre genau genommen – die gelehrt, angewandt, erneut gelehrt, erneut angewandt wurden. Das war die Sieben-Jahres-Periode des Erlernens des Mechanismus' von Bewusstsein und Energie und wie er sich selbst in dieser Schule beweisen würde. Die geschätzte Aussage von „Nimm Gott wahr", das geschätzte Verständnis des Selbst im Sinne von Bewusststein und Energie und Mind, würde nicht auf philosophischem Grund, der leer ist, verloren gehen. Die Disziplinen ermöglichten eine Anwendung, die einen bemerkenswerten Teil von euch Selbst zeigte – eine unberührte und gediegene Gelegenheit. Vielleicht war es nur für einen Tag, einen halben Tag oder sieben Tage, dennoch wurde ein Zeichen gesetzt und das Konzept der Veränderung und das Wagnis, sich außerhalb der Box zu bewegen nahm seinen Anfang, basierend auf dieser einen bemerkenswerten Sache, die ihr getan habt und die euch einen Einblick in eure Möglichkeiten gegeben hat.[1]

Was ist Zeit im Lichte aller Ewigkeit? Wie viel Zeit könnt ihr damit zubringen, das Unbekannte in eurem Gehirn zu untersuchen? Wie viel Zeit könnt ihr damit zubringen, die Verbindungen des Gehirns zum Körper, die Verbindungen des Körpers zum Gehirn zu studieren und zu verstehen? Wie viel Zeit solltet ihr mit dem Verstehen des um euch herumwirbelnden Vortex aus Menschen, Orten,

Dingen, Zeiten und Ereignissen, dem Vortex eures eigenen Wirbelsturms, in der Tat, eures eigenen Lebens, zubringen? Wie viel Zeit solltet ihr aufwenden, um zu verstehen, wie das alles hierhergekommen ist? Wie viel Zeit würdet ihr benötigen, um das im Lichte aller Ewigkeit zu verstehen?

Wir irren, wenn wir vorschnell ein Urteil im philosophischen Sinne fällen und ein Postulat in unserem Geiste tragen, das in intellektueller, psychologischer oder religiöser Hinsicht so vollständig ist, dass es, wenn ihr es zitieren könnt, euch das Gefühl gibt, nun ein Verständnis des spirituellen Lebens zu haben. Niemand sollte sich eines so raschen Urteils allzu sicher sein und annehmen, nur weil er die Worte wiederholen kann, alles bis zum Ende ausgelotet zu haben. „Diese kleine Phraseologie ist das, woran ich glaube.

Diese kleine Box, diese kleine Phrase in meinem Geist, das ist mein spirituelles Leben. Das ist es, woran ich glaube. Und das ist meine Philosophie. Es ist meine Religion. Diese kleine Box ist mein psychologisches Verständnis der Bedeutung meines Lebens.“ Wir holen sie hervor, wenn die Zeit passt, wenn wir spirituell sein wollen. Wir drücken die Knöpfe dieses Neuronetzes und da kommen diese kleinen Sätze. Sie kommen hoch und ihr könnt für sie eintreten und sie aussprechen, aber wenn sie weg sind, weggeschmolzen sind, seid ihr wieder im Wirbelwind eurer Emotionen. Ihr habt eure Pflicht getan, um euren Mind zu enthüllen.

Gott ist so leidenschaftlich in die Menschheit verliebt, weil in jedem Menschen sein Spiegel und sein Potenzial am größten sind. Diese große Leidenschaft Gottes hat sich eine sehr lange Zeit im Sinne der Ewigkeit selbst erlebt, um schließlich so weitläufig zu sein, wie der Weltraum selbst. Es erforderte eine ziemlich außergewöhnliche Reise im Sinne der Ewigkeit für ein derartig leidenschaftliches Wesen, um aus seiner eigenen Schöpfung überragende Konzepte in unsichtbaren Welten zu entwickeln, als der Weltraum, wie wir ihn sehen und in der Tat heute kennen, nur ein Potenzial war. Die einzige Sache aus dieser Perspektive und auf dieser Plattform der Realität war das Inbezugtreten des Schöpfers mit seinen eigenen Vorstellungen von Bewusstsein und Energie und die Entfaltung, wenn Ideen aus Bewusstsein und Energie Gestalt annahmen. Die riesige kahle Landschaft in das Nichts begann, eine bildhafte Dimension anzunehmen, als diese Ideen geformt wurden und Erfahrungen stattfanden.

Der große Architekt schuf die wundersamsten und fantastischsten Ebenen und tat dies ohne Dringlichkeit, denn was sollte man über Dringlichkeit wissen? Und dieses große Wesen, dieser überbewusste, alles-in-allem, machtvolle Schöpfer entwickelte aus dem öden Mind – dem ödem Bewusstsein – dimensionalisierten Mind, eine öde endlose Weite in einzigartige Schönheit, und machte damit weiter und weiter und weiter und weiter. Jede Ebene gab es nur, weil dieses Wesen einen Parameter der kollektiven, selbst erkannten Gedanken erreicht hatte und auf ein Konzept stieß, das nicht auf dieser Ebene aufrecht erhalten werden konnte, weil das Konzept ein Quantensprung in eine neue Idee war. Gott hatte aus sich selbst heraus eine derart erstaunliche Schönheit in Dimensionen erschaffen.

Eine neue Vorstellung sprang in den Geist Gottes, und es wurde eine weitere öde Ebene, eine andere Kargheit im Strömen des Flusses von Bewusstsein und Energie erschaffen. Da ging dieses prächtige Wesen mit überschwänglicher Erkenntnis dazu über, diese große Weisheit und profunden Konzepte in Form zu bringen, die sich im Selbst, Mind genannt, eine ganz andere Phase, andere Zeit und andere Struktur aufgebaut hatten. Diese Strukturen waren schwerer und breiter, damit die Zeit selbst anfangen konnte sich zu entfalten. Der Weg eines Traumes zu seiner letztendlichen Erfahrung wurde länger und schöner.

Dieser Gott, von dem ich euch erzähle, ist euer Gott. Es erforderte eine unvorstellbare Menge an Zeit – Zeit war nicht das Gesetz, sondern wurde im Gesetz verwendet – um den Gedanken zu dimensionalisieren. Dieser Gott nahm sich, nachdem er all diese Ebenen entwickelt hatte, äonenlang Zeit, um das perfekte Vehikel zu entwickeln. Sobald die Erde besät und zum Keimen gebracht worden war, und die Samen direkt aus dem Bewusstsein gekommen waren, das sich auf dieser Ebene befindet und charakteristisch für diese Ebene ist – als all das aus dem Bewusstsein dieser Zeit, dieser Entfernung, dieses Raums und dieser Masse erschaffen worden war, und die Götter Ideen in die Masse erschaffen und gebracht hatten – konnte der große Gärtner der Erde, nachdem er all das in die Manifestation gebracht hatte, solange keinen einfachen einzelligen Organismus erschaffen, den man Leben nennen konnte, bis dieser Gott analog dazu geworden war. Der große Gärtner von Eden kann keine Blume pflücken bevor er nicht zur Blume wird. Das würde man den Atem des Lebens nennen, der in diesen Organismus nicht nur seine Vorstellung von seinem Gott einhaucht, sondern diese Idee darin als einen Mind, einen analogen Mind hinterlässt, der dann die DNA dieses einzelligen Organismus' und letztendlich sein gesellschaftliches Bewusstsein erschaffen könnte.

Alles ist lebendig – jede Blume, jedes Insekt, jedes Bakterium, jedes Virus – weil ihm durch den Atem der analogen Erfahrung Leben geschenkt wurde. Der Gott wird analog dazu und haucht einer leblosen Idee einen lebendigen Atem ein, und dieser lebendige Atem wird Mind genannt. Alles hat seinen eigenen Mind und dieser Mind hat unbegrenztes Potenzial. Wenn diese Götter eine Blume erschaffen konnten, was haben sie dann getan, als die Zeit kam, die Blume aus dem Garten zu pflücken, ohne Hand um dies zu tun, ohne Nase um zu riechen, ohne Augen um die wahre Farbe ihrer DNA wahrzunehmen? Gott erschuf Mann und Frau. Ihr alle habt all die Geschichten gehört, und über zwanzig Jahre lang habe ich diese Geschichten in großen und wundervollen Details ausgeführt.[2]

Es genügt wohl zu sagen: Was wir dennoch hierher bringen, ist die Geschichte dieser Schöpfung unseres menschlichen Selbst, die Erschaffung von euch in Körpern, die vor mehr als zehneinhalb Millionen Jahren geformt worden waren, in der DNA. Ihr bringt bis heute das Konzept des großen Heiligen Geistes namens Gott mit, der sich selbst ein lebensfähiges Vehikel erzeugt hat. Das lebensfähige Vehikel wurde in den frühen Phasen immer wieder vom schlauen Architekten und Schöpfer angepasst und bis zu dem Grad erschaffen, dass der große Gärtner in seinen Garten gehen und eine Blume ergreifen konnte. Der Körper wurde aus der gleichen Substanz und dem gleichen Bewusstsein erschaffen, aus denen die Blume, die Erde und das Wasser der Erde kommen, denn er schwingt in der gleichen Geschwindigkeit.

Er ist nicht anders als Bakterien. Er schwingt in der gleichen Geschwindigkeit, damit der Gott, der diesen Körper bewohnt, fortfahren kann, ein endloser analoger Schöpfer zu sein, mit einem Gehirn, das die Fähigkeit zur Entfaltung dieses Gottes von den allerersten Anfängen bis hin zum Inbegriff eines Körpers an der Spitze seiner heutigen großen Errungenschaften hat. Nicht nur kann er das Leben genießen, das in Bewegung gesetzt wurde, sondern nun hat er einen Körper – sowie er den Traum erschaffen hat – um den Traum zu berühren, den Traum zu riechen, den Traum zu hören, den Traum zu schmecken.

Was euch hierher bringt, ist, dass ihr vergessen habt, was eure Mission ist. Ihr habt die Werkzeuge, über die ihr verfügt, den Mechanismus, über den ihr verfügt, vergessen, und ihr habt vergessen, dass ihr untrennbar verbunden seid mit der Verantwortung für die Ebenen der kreativen Fruchtbarkeit. Wenn die Zeitalter und das Vorüberziehen der Sterne vorbeigehen, werden die Menschen auf der Erde und die meisten anderen Planetensysteme empfänglich sein für katastrophale Veränderungen im Gleichgewicht des Weltraums. Die ersten großen Götter, die hier waren, waren so gedankenvoll und verstanden, wie man sich darum kümmern musste. Aber jede nachfolgende Generation hat dieses Wissen mehr und mehr verloren und die Katastrophen haben sie zerstört: ihre Gehirne, ihre Körper, ihr Fleisch. Die neuen Samen, die kamen, gerieten immer weiter ins Hintertreffen, verloren sich immer mehr und wiesen mehr Degenerationen auf.

Ihr wart einst unvorstellbar schön. Ihr wart einst unvorstellbar vorstellbar. Ihr wart einst die großen Verwalter eines sich selbst liebenden Gottes, sodass sogar die Blumen und das Insekt, welche dieser Gott erschaffen hatte, einem Gott die Natur der Glückseligkeit brachten, der etwas so Schönes in seiner größten Leistung erschaffen hatte, einen Körper, in dem diese Schönheit geschätzt werden konnte.

Ihr steht am Abgrund einiger dramatischer Veränderungen, nicht nur geologisch gesprochen, sondern auch bewusstseinsmäßig gesprochen. Wenn ihr euch selbst retten wollt, dann müsst ihr euch daran erinnern, mit welchen Fähigkeiten ihr das Potenzial habt, das zu tun. Und bis ihr diese Fähigkeiten kennt, seid ihr die Blinden, die die Blinden anführen, und ihr werdet im Graben landen.

Die schöne Natur Gottes ging verloren. Während die menschliche Erfahrung in ihrem emotionalen Ausdruck dicker wird, verliert sie ihre Kreativität, und nur durch Magnetismus und Gravitation zieht sie in ihren Wirbelwind, in ihr Leben, das, was ihren fühlenden und emotionalen Charakter ergänzt. Der große Gott eures Seins ist nicht dieser Gott, der tot ist; ihr seid es, die tot sind. Ihr habt diesen Wirbelwind über Generation hinweg aufrechterhalten. Ihr seid so schwer an Masse, bringt Masse eilig zur Reife, damit ihr am Fluss der erwachsenen Emotionen teilnehmen könnt, ohne je etwas zu erschaffen, außer euren Körper fit genug zu halten, um die Erfahrung zu machen.

Ihr hättet Mühe, euch zu erinnern, wann euer Leben eine Wendung genommen hat und die große kreative Kraft in euren Mind, eure Inspiration zurückgekommen ist, wo ihr den Wirbelwind hinter euch gelassen habt. Das Anliegen unseres Lebens hier ist nicht, in unseren Emotionen hängenzubleiben oder auch nur diese Idee aufrechtzuerhalten, sondern zurückzukommen zu diesem außergewöhnlichen Thron in unserem Gehirn, wo der lange vergessene große Architekt, ihr, in Abgeschiedenheit und im Geheimen lebt. Der große Architekt, der große Gott, hat wenig getan, weil er darum gebeten wurde, in eurem Leben wenig zu tun. Er hat euch in eurem Gehirn, in euren Zellen, in eurer DNA Leben gegeben, eine DNA, die aus Lehm von den Ufern dieses Flusses namens Bewusstsein und Energie gemacht ist.

Zu verstehen, was ich gerade gesagt habe, bringt uns zu Gott im Garten zurück, der endlich diese Blumen berührt und sie vielleicht sogar pflückt. Welch außerordentliches Gefühl. Ist das die einzige Blume, die Gott gepflanzt hat? Wird dies die einzige Blume, die jemals die Wiesen der hochgelegenen Orte beherrscht, sein? Ihr habt nicht verstanden, dass an diesem Abgrund, an dem ihr steht, ihr entweder im Wirbelwind mit euren eingepackten Notizen spiritueller Erwiderung und philosophischer Erklärung weitermachen könnt oder ihr wieder zurückkommen und die geheimen Lehren, die alten Lehren lernen könnt, nicht so, als ob sie außerhalb des Rahmens eurer Kapazität wären, sondern so, dass ihr im Rahmen ihrer Kapazität seid. All diese Jahre in der Schule waren eine bemerkenswerte und schöne Reise, eine Reise, die in der Tat fesselnd war, voller Ernsthaftigkeit der Leidenschaft und Hass der Verbitterung. Die Schule bleibt jedoch bestehen durch die tiefsten, dunkelsten Höllen der Gedanken einer Person und das Gefängnis, in dem sie eingesperrt ist und von ihren Emotionen gefangen gehalten wird. Diese Schule hat in ihrem weitesten Sinne der Bedeutung in ihrer winzigen Präsenz in der Ewigkeit versucht, euch anzusprechen, da ihr dieser große Gott auf einer Kampagne der selbstverwirklichten Liebe, des kreativen Drängens seid, das Unbekannte bekannt zu machen und in einer öden Landschaft größere Konzepte des Minds zu errichten und in leidenschaftlichem Vorstoß mit eurer Selbsterkenntnis fortzufahren.

Ich bin hier, damit ihr versteht, was man die Natur dieses erhabenen Schöpfers nennt, der so leidenschaftlich in den wundersamen Körper-Denk-Mechanismus verliebt sein kann, der fähig ist, vernünftig zu denken, Erinnerungen und Paradigmen zu formulieren und der wie ein Computer die Proportionen dessen, was verloren ist, annehmen und euch ein visuelles Bild dessen, was im Speicher wieder hergestellt werden konnte, zeigen kann. Gott hat den exquisitesten Körper erschaffen und eure Fähigkeit zu denken, bewusste Bedeutung in diesem Denken zu finden und zu lernen, wie man Gedanken rationalisiert, dimensionalisiert und verbreitet, und das seid ihr.

Diese winzige Schule, dieses winzige Gesetz, ist da, um jeden Aspekt eures Selbst anzusprechen, der verdickt wurde und schwer geworden ist. Was euch immer bekannt hätte sein sollen, ist jetzt eine Suche nach dem Bemerkenswerten oder vielleicht dem Natürlichen. Wenn es aber nicht länger natürlich ist, mag es in der Tat bemerkenswert sein, wie ihr das Bild malt.

Wer also ist der Spender des Lebens? Gott. Ist Gott lebendig? Nein, Gott spendet Leben. Gott ist immer während. Das ist eine profunde Aussage, die hilft, euch zu verstehen. Ihr könnt euch kaum vorstellen, wie viel Überbeanspruchung des Göttlichen ich im Lauf der Jahre, in denen ich euch subtil sagte, dass ihr Gott seid, ich verdorben, verschmutzt und gröblich verletzt habe. Ich betrachte den menschlichen Körper als perfekten Tempel Gottes, weil ich weiß, dass er es ist. Ich verstehe auch, dass Gott in der Erde in der Form der Natur nachgebildet ist, und dass in der Natur der größte Tempel für Gott das Himmelsgewölbe ist, die Kulisse der Ewigkeit, auf funkelnden Sternen, die uns nur außergewöhnliches Leben andeuten, das in ihnen, in den Strahlen lebt, in denen sie so hell scheinen. Wer auch immer ein Beobachter der Natur ist, wird die profunden Geheimnisse verstehen, von denen kein heiliges Buch je berichten konnte. Einfach die größte Botschaft, die je geschrieben wurde, ist Beobachtung und Teilnahme am Verstehen des Ritus der großen Plattform, auf der der große Gott, so geliebt in menschlicher Form, Nichts zu Etwas gemacht hat. Jedes Etwas beherbergt den Atem des Lebens dieses analogen Höhepunktes von diesem Gott, der ihm Leben schenkte. Gott ist überall. Jeder Stein, jeder Kieselstein, jedes Körnchen Sand, jedes Blatt, jede Farbe, jeder Tropfen Wasserstoff, jede Wolke, jeder Regen, jeder Strahl Sonnenlicht ist in sich selbst eine exklusive Plattform, die viele Götter in vielen Formen ins Sein brachten, indem sie ausschließlich diese Dinge waren und ihnen Leben schenkten und so die Bühne unseres bevorstehenden Dramas dekorierten.

Die Akasha-Chronik, der Mind Gottes und das Quantenfeld

Die Seele ist die Aufzeichnerin, die Zählerin der unerledigten Angelegenheiten; sie fügt die Leistungen jeder Zielperson dem Mind Gottes, diesem flüssigen Mind, hinzu, den die Alten die Akasha-Chronik nannten, was eigentlich nur Raum bedeutet. Wir bezeichnen dies heute mit einem viel weltgewandteren Ausdruck namens Quantenfeld, und sein spiritueller Name lautet der Mind Gottes.

Die Akasha-Chronik, einer dieser okkulten Ausdrücke, bedeutet Raum mit Wissen, ein Äther, eine subtile Flüssigkeit, die jeden Gedanken, jede Handlung, jede Tat beinhaltet, erfüllt und unerfüllt, von jeder Generation, nicht nur hier, sondern jede Flora und Fauna und jede Bakteriengeneration. Alles, dem Gott Leben gegeben hat, dessen Leben ist in diesem Raum erfasst, und es sind nicht nur Menschen hier auf der Erde. Was ist mit den Menschen in der Erde, über der Erde, den Menschen in der Milchstraße? Im Raum – was der Mind Gottes in der Nicht-Zeit genannt wird – seid ihr, die ihr schon immer gelebt habt, eingeprägt in dieser Struktur, in allen Gedanken, allen Worten, allen Taten, allen Absichten, gemeinsam mit allem anderen. Es ist eine lebendige Aufzeichnung. Nicht nur bezieht dieser Raum euch mit ein, sondern auch elfeinhalb Milliarden andere Planeten in der Milchstraße, die Leben fördern, genau wie dieser, in Graden der Involution und Evolution.

Jeder analoge Gedanke, der jemals existierte, ist im Wesentlichen der Mind Gottes. Jeder Blume, die im Frühling und Sommer kommt und geht, wurde Leben durch einen derartigen Höhepunkt geschenkt. Dann zog sich Gott von der Blume zurück, damit die Blume nun mit ihrem Lebensatem ihr eigenes Wesen sein und in der Tat sich selbst fördern und ansiedeln konnte. Wenn Gott immer analog präsent ist, formt sich die Blume niemals. Sie musste werden und sich durch die Gnade Gottes zurückziehen können, damit das, was Gott nun erschaffen hatte, ein lebendes Ding, ein lebendes und atmendes Ding werden konnte. Wenn Gott nur einen dieser analogen Gedanken brauchte, um in ihm neue Paradigmen zu formen, dann war Gott eine sehr mobile Wesenheit, deren Träume des Was-wäre-Wenn mächtiger waren als das Was-war. Schaut euch um. All dies wurde aus dem Nichts in das Etwas durch eine analoge Gottheit gebracht, die nicht hier verweilte, die nicht in den Wäldern verweilte, sondern die Lilien auf dem Felde erschuf, die nicht in den Lilien auf dem Felde verweilte, sondern die Insekten golden und schön erschuf, die sich ständig bewegte. In Etwas analog zu bleiben bedeutet, es nie zu vollenden und ihm Leben zu schenken. Erst wenn der Gott der Macht ausgezogen ist, wird es zu einem lebenden und atmenden Ding. Wer könnte sagen, dass die Lebenskraft der Pflanzen und Felsen, der Bakterien und Tiere nicht göttlich wäre? Es ist alles göttlich, weil in jedem lebenden Ding einst ein Gott war, der es erträumt hatte, es geworden war, aus ihm ausgezogen ist und es mit dem göttlichen Prinzip der Ewigkeit zurückgelassen hat.

Welche Ungeheuerlichkeit legt ihr an den Tag, wenn ihr an Menschen, Orten, Dingen, Zeiten und Ereignissen festhaltet, weil sie euch für Höhepunkte dienen. Wie ungeheuerlich von euch, euch an Menschen zu klammern, nur wegen der Vorstellung, was sie für euch tun könnten. Ihr seid nie die Beziehung gewesen und habt euch dann daraus zurückgezogen, um der Beziehung zu ermöglichen, ihr eigenes lebendes Ding zu sein, wie der Gärtner. Ihr habt niemals etwas mit derart ausdauernder Geduld, Fürsorge und Aufmerksamkeit – im Wesentlichen Fokus – kultiviert, sodass der Triumph seines enormen Feierns in sich selbst Höhepunkt, Verwirklichung und einen Überfluss an Freude bringen würde. Wer könnte daher sagen, dass das, was aus dem Herzen und der Seele stammt, nicht machtvoller wäre als das, was aus den Lenden stammt?

Ihr haltet an Dingen fest, die ihr erlebt habt, geleitet von der Seele, aber bis heute habt ihr ihnen nie alleiniges Leben gegeben und seid weiter gezogen. Ohne dies habt ihr die Stimme Gottes nicht mehr in eurem Kopf gehört. Ihr habt nur gehört, was ihr tun müsst, was ihr zu tun habt, und ihr seid unkluge Menschen, da ihr niemals vollendet habt, was ihr ständig behauptet, tun zu müssen.

Gott also, primäres Bewusstsein, könntet ihr sagen, ging auf seine große Mission, um das Unbekannte bekannt zu machen und in der Tat mit all dem, was er war, was er liebte, zu interagieren. Aber er zog weiter und ging weg und erschuf weiter im Tal dort drüben. Die Götter schürfen hier Schöpfung – das ist ihre Mission – aber was sie hinter sich gelassen haben, ist nie hinten. Wir nennen jede Schöpfung einfach Leben, das Leben, das analoger Ausdruck ist, den Gott als Bewusstsein und Gewahrsein dieser Form gegeben hat.

Im Leben und seinem Gewahrsein, unabhängig davon, ob es die Samen seiner eigenen Regeneration sind, bringt das Tun geschaffenen Lebens dem Schöpfer ein großartiges Geschenk zurück. Das großartige Geschenk in einfachem Sinne ist, dass all diese Lebensformen, diese Ideen aus dem Mind Gottes, wirklich nicht aus dem Mind Gottes kamen.

Sie kamen von Gott als Bewusstsein und Energie, und es war Gott, der ihnen Leben schenkte. Die Fortsetzung ihres Lebens und die Fortpflanzung ihrer Fähigkeit, Konzepte zu idealisieren – sogar Masse zu Masse zu erschaffen und zu erfahren – generierte eine Gedankenform. Wir wissen heute eindeutig, dass es weder das Gehirn ist, das den Mind erschafft, noch Bewusstsein und Energie, obwohl sie die Substanz dessen sind, zu dem der Mind eilen würde. Mind ist ein Phänomen, welches das Ergebnis von Bewusstsein und Energie im Gehirn ist, dessen Fähigkeit, sich im Fluss von Bewusstsein zu seiner Perspektive zu bewegen, und innerhalb seiner Fähigkeiten zu bewahren und zu erschaffen, damit der Mind dieser lebendigen Form zurückfließen möge in den Gott, der neues Leben im Tal schürft. Das wird das Geschenk zurück an Gott genannt. Es wird im Grunde genommen der Mind Gottes genannt. Gott hat keinen Mind. Mind ist ein Zeugnis über die Abenteuer des Lebens, und Gottes Mind wird bestimmt durch das, was erschaffen worden ist, und dessen freien Willen zu leben.

David Bohms implizite Ordnung und die Unvorhersehbarkeit der Quanten

David Bohm, eine Wesenheit, die im letzten Jahrhundert lebte, hat verstanden, dass es Partikel gab, die nicht auf die Stabilisierung des Atoms reagierten und dass das Atom hier eine stabile Kraft war, ein Partikel oder eine atomare Kraft, aus der Licht erschaffen wurde. Er verstand, dass Lichtpäckchen eine Kollision von Positronen und Elektronen waren, die eine Explosion erschufen – jede davon ergab ein Photon – und dass in diesem Reich die einzige Aktion, die tatsächlich verstanden werden konnte, der Zerfall von bestimmten Atomen einiger Elemente war.

Jedoch sah und wusste er, dass es innerhalb dieses Reiches, dieser Ebene des Bewusstseins, Partikel gab, die nicht innerhalb des Reiches blieben. Er sagte, dass diese Partikel sich an- und ausblinkten: eines würde hier erscheinen, verschwinden und da drüben wieder erscheinen. Er nannte dieses Reich die implizite Ordnung. David Bohm wusste nichts von diesen Ebenen von Bewusstsein und Energie. Alle schlussfolgern in der Wissenschaft, dass es einen Null-Ort gibt, aber sie verstehen nicht die Natur dieses Null-Raums in Relation zum Raum und zu den Partikeln, die sie untersuchen. Stellt euch einen Augenblick lang vor, dass die dritte Ebene, die Ebene des Lichts, die einzige Ebene wäre, die Bohm untersuchte. Die Partikel würden auftauchen und verschwinden. Also sagte er, diese Partikel kämen von einer impliziten Ordnung und sie entfalteten sich in die explizite Ordnung.

Was wusste David Bohm nicht über diese Partikel, die herein- und hinausblitzten? Sie blitzten einfach herein und hinaus. Ist jedes dieser Partikel das gleiche Partikel? Wenn dieses Partikel ein Stück Holz repräsentierte, und es multiple Stücke Holz gäbe, könntet ihr dann ein Haus aus einem von ihnen machen, einen Altar für Gott? Könntet ihr eine Box machen? Könntet ihr eine Brücke machen? Könntet ihr eine Straße machen? Könntet ihr einen Elefanten machen? Könntet ihr einen Vogel machen? Was könntet ihr nicht aus diesem Stück machen? In David Bohms impliziter Ordnung sah er das gleiche Partikel aufblitzen, verschwinden und wo anders wieder auftauchen, und er schlussfolgerte, dass es das gleiche Partikel war. Aber vielleicht war es ein Stück Holz und dann ein Haus oder ein Altar für Gott. Warum war dann dieser Hintergrund, dieses statische Feld, nicht konsistent? Warum gab es da virtuelle Partikel, die hereinblitzten und sagten: „Hallo, ich bin hier im Expliziten; jetzt bin ich weg"? Warum taten sie das? Warum waren sie nicht statisch, wie sie es alle in anderen Atmosphären gewesen waren? Nun, wie viele von euch verstehen, gemäß Bohms impliziter Ordnung, warum die Trägheit jener Partikel im Expliziten nicht konsistent war? Weil jene Partikel zur impliziten Ordnung gehörten.

Die implizite Ordnung besteht eigentlich aus vier weiteren unterschiedlichen Ebenen von Bewusstsein und Energie und Partikelrealität. Sie gehören zum Kontext einer impliziten Ordnung, weil sie sich nicht im Reich des Lichts halten können, denn Bestehen und Beständigkeit dort setzen voraus, dass Partikel einen Spin haben. Diese Partikel haben nichts dergleichen, weil sie nicht polarisiert sind. Ihr solltet so glücklich sein, ein derart großes Mysterium zu verstehen, die Definition der impliziten Ordnung.

Was also sind diese abgetrennten Partikel, die nur einmal blinken und woanders blinken, die von den Physikern untersucht werden, welche aber denken, dass es die gleichen Partikel wären? Was sie tun, ist im rauen Quantenhintergrund zu messen, ob ein Partikel einen Spin hat. Wenn sie erkennen, dass es so ist, dann können sie seine Masse aus der Geschwindigkeit, mit der es wieder erscheint errechnen. Was das Problem weiter verkompliziert, ist, sich auf ein Partikel zu konzentrieren. Und dann sehen sie dieses Eine, und in dem Augenblick, in dem sie dieses Eine sehen, haben sie dieses Eine verloren, aber sie erinnern sich mathematisch daran. Daher können sie das Gewicht und die Geschwindigkeit dieses Partikels in einem Quantenfeld ausmachen.

Lineare Physiker untersuchen die Natur des Zerfalls jeder einzelnen atomaren Struktur im Sinne von Zeit, Entfernung und Raum. Nuklearphysiker untersuchen die Aktionen des Nukleus atomarer Strukturen. Subatomare Physiker, Quantenphysiker, untersuchen Partikel außerhalb der atomaren Struktur. Astrophysiker würden die großen Körper im Weltraum und ihre potenzielle Bewegung untersuchen. Mit anderen Worten würden Astrophysiker die Milchstraße und Sternenhaufen in ihr, ihre Bewegungsgrößen und ihr Gravitationsfeld untersuchen und wie sie die anderen Sterne um sich herum beeinflussen. Ähnlich ist bei Astrophysikern und Quantenphysikern, dass beide Partikel untersuchen. Eines ist einfach größer als das andere.

Bohm verstand etwas, gemeinsam mit seinem Guru. Sein Guru sagte, das wäre die Akasha-Chronik. Ihr alle wurdet bis zu einem gewissen Grad von unwissenden Gurus und unwissender Kenntnis beeinflusst, und die Kenntnis dient dazu, die Akasha-Chronik lesen zu können. In altem Hindu bedeutet das Wort Akasha, aus der Beschreibung des Sanskrit stammend, nur Raum. Als David Bohm die implizite-explizite Ordnung betrachtete, sah er den Raum. Sein Guru sagte: „Ja, aber das, was du erspähst, ist der Äther und das, was wir die Akasha-Chronik nennen." David Bohm trennte sich in diesem Kontext von seinem Guru. David Bohm sagte: „Wenn dies die Akasha-Chronik ist, dann muss ich den Rest meines Lebens damit zubringen, das Karma jener virtuellen Partikel, die hereinblitzen und hinausblitzen, zu erklären, und von denen ich weder ihre Entfernung, ihre Masse, ihre Eigenschaft noch ihre Geschwindigkeit messen kann." Was denkt ihr, sagte der Guru? „Vertrau mir."

David Bohm überlebte seinen Guru, aber er überlebte ohne intakte Reputation. Die einzige Sache, die von seinem brillanten Geist und seinem gefärbten Aberglauben überblieb, war , dass er versucht hatte, dieses Reich im Sinne von Karma, im Sinne der Akasha-Chronik zu verstehen, was er nur mit seinem theoretischen mathematischen Denken im Sinne von Partikeln, die hier waren, um diese Realität zu beeinflussen, verstehen konnte. In der Tat schlussfolgerte er, dass es Partikel gab, die niemals in dieser Form manifest werden, und jene Partikel, die er später virtuelle Partikel nannte, weil sie einen Augenblick lang hereinkamen und dann verschwanden, niemals konstant sind.

Sein letzter Wunsch war es, zu verstehen, auf welches Partikel sich der Beobachter fokussiert, um dieses flüchtige virtuelle Partikel in eine Konstante im Rahmen von Licht und Materie zu bringen, und wo der Beobachter war, bei diesem Überführen in konstitutionelle Lebensfähigkeit. David Bohm musste sich am Ende seiner Tage von seinem Guru trennen, weil bis zu der Ebene des Wissens, das der Guru hatte, er kein Verständnis dafür hatte, wie man das Winzige werden konnte. Der Guru sah es nur als die Akasha-Chronik der Informationen. „Ja“, sagte er, „das kann wahr sein. Aber was ist die Natur jedes Partikels, welches das entfaltete Feld konstitutionalisiert? Sag es mir also, wie beim Morse-Code, lies mir die Punkte und Striche dieser Partikel vor, wenn ich daraus schließen soll, dass sie die Akasha-Chronik allen Lebens sind.“

Am Ende verlor David Bohm seinem ausgezeichneten Ruf als Physiker, weil er von einem kontrollierenden Guru irregeführt worden war, so offensichtlich ungebildet, dass er Partikel nicht als unendliches Leben verstehen konnte. David Bohm, der nicht verstand, dass Partikel Leben waren, lässt uns zurück mit der impliziten Ordnung und der expliziten Ordnung auf der Brücke, die wir Licht[3] nennen, welches in diesem Sinne den Körper ausmacht, den sehr großen, sehr massiven Körper, den wir heute besitzen.

Grobe Materie besteht aus atomaren Strukturen, Atomen, die nicht notwendigerweise mit den gleichen Atomen verbunden sind. In anderen Worten sind die Atome, die ein Stück Holz ergeben, eine ganze Bibliothek von Atomen, die verschiedene Grade von Chemie in sich tragen. Beispielsweise kann niemand ein Stück Holz betrachten und sagen: „Ah, das ist ein Stück Faser, da wir, wenn wir die Faser bis auf ihre molekulare Basis analysieren, feststellen werden, dass es nichts Derartiges gibt wie atomares Holz, dass atomares Holz aus vielen Atomen besteht, die uns die Illusion von Holz geben. Die Chemie, die Holz ergibt – der Saft, die Verdichtung, die Kohlenstoffebenen, die Ebenen von H_2O – wenn wir irgendeines davon aus einem Stück Holz entfernen würden, wäre es kein Stück Holz mehr. Holz ist also nicht ein atomares Atom, und der Saft, der durch es hindurch pulsiert, ist auch kein Holz, er ist ein Chemiestoff.

Ihr denkt, dass das Königreich des Himmels wie die Pyramide[4] aussieht, aber die Pyramide ist eine Schablone, um euch dazu zu bringen, die unterschiedlichen Ebenen von Bewusstsein und Energie und Zeit zu verstehen, und euch in einem differenzierteren Mind dazu zu bringen, zu verstehen, wie die Beschaffenheit von Quantenpartikeln ist. Jedes einzelne dieser Partikel ist am Leben. Sie sind nicht einfach Staub in einem Staubsturm, sie sind am Leben. Sie sind bewusste Wesen.

Abb. 1: Ramthas Modell der Realität und Quantenpartikel

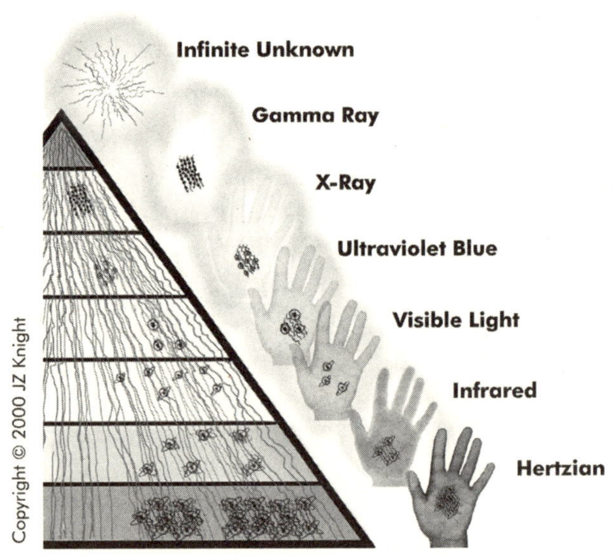

Während ihr versucht, eure große und schwere Welt zum Kleinen schrumpfen zu lassen, ist das Paradoxon dann, wie Leben dort weiter in seiner ursprünglichen Form, in dem, was ihr als Zeit einschätzen könntet, existieren sollte? Wenn ihr denkt, das Königreich sei nur so groß, wie könnte es möglich sein, dass es Expansion im Königreich gibt? Darin liegt eure Unwissenheit.

In dieser Schöpfung des Lebens habt ihr niemals das Ende erschaffen, weil es im Mind Gottes nichts Derartiges wie ein Ende gibt. Und Gottes größte Anstrengung im analogen Mind flößte den Atem des Lebens in alles, das erschaffen wurde, ein. In diesen Königreichen ist nichts gestorben, vielmehr hat sich alles als eine Lebensform weiter entwickelt. Alles entwickelt sich weiter. Es bedeutet, dass es sich ändert und dass es dies genau und perfekt tut.

Dort gibt es also keinen Tod. Ihr würdet sagen: „In Ordnung, fressen sie einander auf?“ Nein, sie müssen es nicht, weil es die Vorstellung von Nahrung nicht gab. Es mag irgendwann in ihrer Zukunft so sein, aber Verzehren hat nichts damit zu tun, ihren Körper am Leben zu halten. Es war eher das Verzehren eines elektrischen Feldes, und das war nun mal ihre Atmosphäre.

Was ist nicht Gott? Wenn Gott, der große Schöpfer, der große Gärtner, Felder mit Blumen, Früchten und Nüssen, Felder mit Tieren hinter sich lässt, was ist dann, das zurück zu Gott kommt? Der Mind Gottes. Diese Schöpfung ist das Geschenk des Lebens, und seine Aktivität namens Mind ist das, was zurück zu Gott kommt. Was ist nicht Gott? Wer ist nicht Gott? Welche aufgenommene Lebensform würde nicht zum Mind Gottes zurückkehren? Wie können wir annehmen, dass solch angstvolle Menschen leben, als ob es kein Morgen gäbe oder drohen, das Leben als Folter und Bestrafung für andere um sich herum zu beenden, als ultimativ überbrachten Schmerz? Wie könnt ihr, die ihr euch in einem derartigen Kampf ums Leben befindet, absolut verstehen, dass euer Mind zu Gott zurückkehrt und dass ihr nicht in das Void zurückgehen werdet? Das ist unmöglich. Das, was Gott erschaffen hat, in der Tat, das, dem Gott analog Leben geschenkt hat, gehört zu Gott. Und wie tanzen wir im Mind Gottes? So individualistisch und so hübsch und schön wie das Funkeln in Gottes Auge. Wenn Gott diesen Atem des Lebens verlässt, konsumieren wir Gott. Sogar unverdauliche bakterielle Formen der Materie sind Gott und wurden einverleibt, um zu leben. Das war der Zweck. Und was ist die Belohnung? Sie werden immer leben.

Was macht subatomare Partikel so verrückt und dynamisch?

Gibt es irgendein Partikel im Studium der Quantenphysik, welches das Ursprungspartikel ist, das alle Partikel in sich trägt, oder sind sie alle einzigartig und unterschiedlich? Sind diese Partikel – von Neutrinos zu Elektronen zu Positronen zu atomaren Strukturen zu Quarks oder Gravitonen – lebendig? Warum lest ihr über sie, als ob sie nicht lebendig wären? Ist ein Proton lebendig? Wie ist es mit einem Alphapartikel? Sie sind es mit Sicherheit.

Was ist die größte Auseinandersetzung in der Kirche darüber, wie viele Engel sich auf dem Kopf einer Nadel befinden? Wenn die Engel von einem anderen Reich sind, dann sollten sie keinen Raum in diesem Reich besetzen. Aber was, wenn sie es tun? Wie viele Engel befinden sich auf dem Kopf einer Nadel und welchen Schluss hat man je gezogen, was Engel sind? Wisst ihr, wie viele Atome auf dem Kopf einer Nadel existieren können? Was also ist der Unterschied zwischen einem Atom und einem Engel? Es gibt keinen Unterschied.

Auch wenn viele von euch emotional nicht zustimmen wollen, dass Partikel Leben sind, lasst mich euch sagen, worauf ihr zusteuert. Ihr werdet eure natürlich Fähigkeit nicht nutzen, weil ihr nicht daran glaubt und es nicht die sofortige Befriedigung bietet, auf die ihr aus seid. Viele von euch werden jedoch daran kleben bleiben und, indem ihr Quantenphysik lest, vielleicht verstehen, was Partikeln ihre verrückte, dynamische, individualistische Natur vor der Quantenkulisse gibt. Sie sind an irgendeinem Ort in irgendeiner verdammten Zeit, die sie sich aussuchen, daher ist die Messung dessen, wohin sie gehen werden in Annäherung an mathematische Theorie eine strittige Sache. Wer beauftragt diese Partikel, sich aufzufalten und zu entfalten? Sie tun es, weil sie intelligente Lebensformen sind.

Existiert ein Graviton nur als das subatomare Partikel oder kann ein Graviton tatsächlich den ganzen Weg zurück zum Ursprung auf der ersten Ebene verfolgt werden? Was ist ein Graviton, Newtons Gravitation? Ein Graviton ist ein Partikel auf vielen Ebenen, weil die

Natur eines Gravitons eine Energie ist, die von der Absicht und der analogen Erfahrung Gottes, der ihm Leben geschenkt hat, kollabiert wurde. Diese Absicht im Mind Gottes wird in einem Partikel reflektiert, das wild und unter allen anderen Partikeln schwierig auszumachen ist. Es wird Graviton genannt, und es ist dimensionalisiert und energetisiert, damit, wie im Quantenfeld ersichtlich, dieses Graviton in all diesen Feldern und in der exakten Natur des Bewusstseins existieren kann.

Mit anderen Worten ist ein Graviton der Klebstoff, der die Absicht Gottes und Gottes Leben darin zusammen hält. Es ist die Absicht Gottes, dass es bleiben soll. Wir können Gott in diese endlichen Partikel aufspalten und ihnen eine Rechtfertigung geben. Was also ist die Gravitation des größten Balles, den ihr kennt, der Erde, die in ihrem Gravitationsfeld rotiert? Wir wissen, dass Gravitation die Absicht des Lebens, erhalten zu werden, ist. Sehen wir Gravitation einfach als ein rotierendes elektromagnetisches Feld, oder ist sie eine Lebensform der Absicht? Wenn ihr wirklich ein erleuchteter Student wärt, würdet ihr anfangen, genau jetzt einige immense Erkenntnisse zu gewinnen.

Unsere Signatur im Quantenzustand

Shakespeare sagte: „Ah, wir sind der Stoff, aus dem die Träume sind.“[5] Ich würde sagen, wir sind träumende Wesen in einem Traum, der vom ultimativen Träumer zusammengehalten wird. Warum beziehen wir uns dann darauf, in der Tat auf dieses Wissen, als den Stoff, aus dem die Träume sind? Warum werdet ihr als lebendige, geträumte Wesen bezeichnet, die von einem größeren Träumer zusammengehalten werden? Weil in Bewusstsein und Energie – Gott und sekundäres Bewusstsein – sekundäres Bewusstsein und wo immer es residiert, sich das träumende Wesen befindet. Es besteht wiederum aus Träumen und hat die Fähigkeit, Träume zu erschaffen. Die ganze Zeit über, in der es all dies tut, kennt der eine große Träumer, Gott, jetzt sich selbst, träumt von sich, ist von sich selbst besessen. Das ist eine schöne Aussage, da wir, wenn wir diesen Bereich erstaunlicher Wissenschaft der Partikel studieren, beginnen, in das, was man die Eigenschaft einer Welt sich verändernder Partikel nennt, die nicht reisen, sondern fluktuieren, eintauchen. Wir sind in einer Welt, wo im Quantenfeld nichts irgendwohin reist, weil es im Quantenfeld keine Zeit gibt. Es ist ein Bereich, in der Tat, in dem dieses winzige Feld dieses größere Bild unterstützt. In diesem Feld konzentriert sich, denkt, kontempliert, reagiert der Beobachter, entweder beiläufig, gewöhnlich oder deutlich. Der Beobachter bringt das Feld dazu, auszublinken und in vollkommener Unterstützung des träumenden Minds dessen, der ihr seid, wiederzuerscheinen.

Nachdem ich nun dies gesagt habe, lasst uns jetzt eine abstruse Aussage machen, die sogar Plato ausrief: „Alle Materie ist lebendig:“ Er sagte: „Die Welt ist lebendig. Das Universum ist lebendig.“[6] Er hat Recht. Ihr lebt nicht in einem Leben der Objekte, noch lebt ihr in einer Welt der Objekte, sondern ihr lebt eher in einem Leben, eurem Leben. All diese Objekte werden Erfahrungen genannt. Ihr lebt mit Erfahrungen, nicht Objekten, und die Welt, in der Tat das, was das Universum und Universen, das All selbst, genannt wird, handelt nicht von großen Nebeln oder sterbenden Sonnen und wieder geborenen Sonnen, sondern vielmehr sind das die Erfahrungen. Also tauscht Objekte, Dinge, gegen Erfahrung.

Ihr denkt in Begriffen von Dingen – Menschen, Orten, Dingen, Zeiten und Ereignissen – ihr würdet also beispielsweise nichts anderes als ein Objekt sehen, das ihr nutzen könnt, denn ihr seht nicht einmal die Materie, aus der es besteht, genau die Atome, die der Gruppierung Leben schenken, genau die einem Objekt sein unverwechselbares, individualistisches Selbst geben. Ihr denkt, es ist wie Staub, der irgendwie durch Verdichtung, Druck und Atmosphäre zusammengehalten wird. Ihr denkt dann, dass alle Objekte im Grunde genommen unbelebt sind und sie in der Tat keine lebendigen Dinge sind.

Wenn ihr diese Ader des Gedanken fortsetztet, dann wäre es für euch unmöglich, bewusst mit einem dynamischen Feld namens Quantenfeld zu interagieren. Es wäre unmöglich für euch, damit zu interagieren und es zu verändern, weil in diesem Feld, alles, was es gibt, alle Objekte, Erfahrungen sind, weil sie, in der Tat wie wir es untersucht haben, aus dem Stoff von analogem Bewusstsein und Energie bestehen.

Wollen wir uns einen Augenblick lang auf das Konzept des Analogen zurück beziehen. Der Zweck von analogem Bewusstsein ist, dass der Idee in der analogen Erfahrung, in der Punkt Null, primäres Bewusstsein, zum Objekt wird, Bewusstsein übergeben werden kann. Wenn das vollendet ist, trägt es in sich den Atem des Lebens, was bedeutet, dass es in sich Bewusstsein trägt und aus seinen Erfahrungen heraus nun seinen eigenen einzigartigen Mind entwickeln wird. Wenn wir daran in diesem Sinne denken, dann könnte ein Ball auf der siebten Ebene anfangen, als eines dieser virtuellen Partikel zu erscheinen, die aufblitzen wie Sterne über der Mondlandschaft des Quantenfeldes. Wenn dieses einfache Objekt aus analoger Erfahrung von Gott heraus erschaffen wurde, dann folgt daraus, dass alle Dinge in diesem Schneefall, während sie sich tiefer auf Punkt Null zu bewegen, keine einfachen Elektronen wären. Es wären nicht einfach nur Neutronen, Quarks, Fermionen oder Bosonen. Es wären nicht einfach diese sterilen Partikel, von denen ihr sprecht. Genau genommen, wenn ihr dieses dynamische Feld sehen könntet und auf all diese Ebenen spähen und die dynamische Schönheit dieses Feldes sehen könntet, würdet ihr verstehen, dass alle Partikel Bewusstsein sind und sie einen Mind haben. Sie wurden erfahren, daher sind sie Erfahrung.

Als ihr also versucht habt, die Natur eines Fermions oder eines Bosons zu verstehen, waren das die Namen, die mit Wissenschaftlern zusammenhängen, die sie entdeckt haben. Sie werden mit den Namen ihrer Entdecker bezeichnet, aber in Wirklichkeit sind diese Partikel lebendig. Sie sind nicht nur lebendig, sondern sie haben multiple unbegrenzte Fähigkeiten, in irgendeinem beliebigen Zustand zu sein, der daher dem Mind Gottes ebenbürtig ist, und wir wissen, wie weit ausgedehnt der Mind Gottes ist. Außerdem, während ihr sie studiertet, habt ihr mit ihnen interagiert. Denkt ihr, ihr habt hinter ihrem Rücken über sie gesprochen?

All diese Partikel formen dann Gruppenpartikel, nicht um zufällig zu sein, sondern um genau eurem Mind zu folgen. Das Quantenfeld ist in der Tat untrennbar mit dem Mind verbunden, und die Handlungen des Minds sind der Beobachter. Wenn das Quantenfeld also nun untrennbar mit dem Mind verbunden ist, auf welche Ebenen des Minds ist euer spezieller Quantenzustand dann ausgerichtet? In erster Linie ist es Gott – ihr – die ihr das zusammenhaltet. Wie und was auch immer ihr tut, denkt, verursacht Denken und Reaktionen, euer Quantenzustand manövriert und lenkt euch augenblicklich. Alles, was ihr seht, sind Objekte in eurer Realität. Alles ist in einem Quantenmaßstab an das, was ihr denkt, angepasst. Dieser Quantenzustand gehört zu euch.

Was ihr hier auf dieser Ebene kennen lernt, ist die Natur eures Minds – nicht eures Körpers, nicht eurer Emotionen, auch nicht der Dinge in eurem Leben, und nicht, was ihr heute tragt, nicht, wie euer Gesicht aussieht. Wir haben alles isoliert, um euren Mind und seine Natur zu nähren und darauf zu fokussieren. Wir werden verstehen, wie das Gehirn das Quantenfeld zu Leben verarbeiten kann und wie euer Mind mit Materie interagieren kann. Daher ist diese Lehre für die Herrlichkeit Gottes, den Beobachter und den Mind Gottes. Ihr habt euren Abstieg gemacht und euch hier entfaltet.[7] Euer Mind ist mit jeder einzelnen dieser Ebenen verbunden, aber mit einem neuen Körper, anderem Fortschritt im Mind, anderen Quantenzuständen, anderem Bewusstsein, einzigartig. Die nächste Ebene: ein neuer Körper, neuer Mind, neue Partikel, ein neues Quantenfeld; und es ist einzigartig.

Ihr seid nun hier unten in der physischen Ebene. Was war es also, das fähig war, hinabzusteigen oder sich in diese sehr, sehr langsame und große Realität zu entfalten? War es euer Körper? Waren es eure Emotionen? Wie ist es mit eurer Haarfarbe? Was hat als Durchreisender alle Reiche, alle Körper und alle unterschiedlichen Bewusstseinsebenen überlebt? Der Mind.

Ist es für euch nicht logisch, dass es in der Beständigkeit des Hinabsteigens hin zu individueller Entdeckung, individuellem Abenteuer, und dazu, das Unbekannte bekannt zu machen und Träume zu träumen, eine Beständigkeit im Hinabsteigen von euch gibt, die ihr schließlich auf dieser Ebene entfaltet? Und wäre diese Beständigkeit nicht so, dass euer Mind nicht nur jetzt hier auf diesem Fluss des Bewusstseins funktioniert – diesem Fluss an Energie, in dieser Zeit, dieser Entfernung und diesem Raum – sondern dass dieser Mind überlebt hat und genau dieses Element gewesen ist, genau dieser göttliche Prozess, der nun den Körper und seine Reinkarnation begründet hat, um in diesem Bewusstsein zu wirken und analoge Realität zu erschaffen, die zu einem lebendigen Zustand wird? Wie könnt ihr andernfalls sagen, dass ihr nur eine neue Seele seid, die gerade geboren wurde? Es ist lächerlich. Wie kann jemand sagen, ihr wärt neu oder alt? Jemand, der das sagt, ist über das Königreich des Himmels und den Lebensprozess unwissend.

Wir entfalten uns in jedem dieser Reiche und jeder dieser Ebenen mit einer individuellen Signatur und diese individuelle Signatur ist unser Mind. Wir haben die Fähigkeit dafür mitgebracht, wie wir gleich lernen werden. Ich spreche noch nicht über euer denkendes Gehirn. Ich spreche noch nicht beiläufig über die Erinnerungen, die ihr in diesem Gehirn gespeichert habt. Ich spreche von dem herabsteigenden Mind des primären und sekundären Bewusstseins – wobei das sekundäre das Herabsteigen vollzieht – was immer ihr sein werdet. Egal in welchem Körper ihr euch befindet, egal, ob ihr sterbt und wieder oben im Infrarot[8] gefangen seid, immer werdet ihr es sein. Ihr seid für Gott nie verloren, und ihr könnt niemals zerstört werden. Was also umfasst den absteigenden Mind? Gott, sekundäres Bewusstsein, die Errungenschaften des Lebens, die aus jeder Ebene gezogen werden, jeden Fluss des Bewusstseins, dem nun Leben geschenkt wurde. Während die Erweiterung stattfindet, wird das Leben aufgrund des Minds der hinab steigenden Wesenheit zusammengehalten.

Wie denken wir dann über unseren Mind? Denken wir über unseren Mind in dem Sinne, wie wir heute denken? Das ist nicht unser Mind. Denken wir in dem Sinne über unseren Mind, wie wir heute aussehen? Ist das unser Mind? Der Mind ist so unsichtbar wie das Quantenfeld und dennoch ist es der Mind, der das Quantenfeld in die Masse bringt. Euer Mind hat ein Quantenfeld vorbereitet, einen Quantenzustand in dem ihr, euer Körper, euer Gehirn, zusammengehalten werden; er hat diese mysteriösen Dinge namens Fermionen und Bosonen erschaffen. Ihr werdet als großes Objekt für dieses nebelhafte Ding namens Mind zusammengehalten. Überdies, eure großen Körper, eure großen Objekte, euer Leben, ist den Objekten ebenbürtig, die jetzt Erfahrungen als Menschen, Orte, Dinge, Zeiten und Ereignisse sind. Sie sind euer Leben, die Bedingung eures Lebens, weil ihr sie erschaffen und erfahren habt, und diese Errungenschaften sind Mind.

Es ist der Mind, der in dem fluktuiert, was eine Quantenfluktuation in einem Quantenfeld genannt wird, eine Verschiebung von einem Zustand des Feldes in einen anderen Zustand des Feldes. Der Mind umfasst daher Quantenfelder, Quantenpartikel, Leben, das euch gehört, Erfahrungen. Ihr gestaltet die neue Realität aus Partikeln von Weisheit. Ihr verwendet die gleichen Partikel jetzt, wie als ihr sehr winzig wart, um das sehr Große in eurem Leben zu erschaffen.

Bei eurer Reise hier herunter, sind all die Quantenpartikel in diesen Feldern eure Erfahrungen im Hinabsteigen. Ihr habt also den Abstieg gemacht, um hierher zu gelangen. Sollen wir annehmen, dass ihr hierher kamt, ohne die Realität, das Leben, die Plattform, um darin hier zu existieren, zu erschaffen? Denkt ihr, ihr seid einfach nur vom Punkt Null hoch gesprudelt und dann hierher geschwebt? Wie können wir dann anfangen, Quantenphysik und das Quantenfeld zu verstehen, bevor wir unsere absolut innere Interaktion mit all diesen Partikeln verstehen? Wer sonst kann erklären, warum Beobachtung in einem Partikelfeld so schwierig ist? Wer hat jemals versucht, die Geschwindigkeit eines Partikels, das auftaucht und dann wieder verschwindet zu messen, und hat dann versucht, die Geschwindigkeit an dem Ort zu messen, wo es auftauchte, verschwand und wieder auftauchte? Das lässt sich nicht machen.

Wie nah sind also die Wissenschaftler, die diese Partikel untersuchen? Sie untersuchen eigentlich ihre eigenen Erfahrungen, und diese sind miteinander verwoben. Ihr alle habt das erschaffen, was wir Quantenzustände nennen, und der Quantenzustand ist genau dort, wo sich Herrn Bohms implizite und explizite Ordnung befindet. Ihr alle habt einen spezifischen Quantenzustand. Er ist eure Signatur. Wer ist der Schöpfer eures Zustandes? Ihr seid es, weil euer sehr großer Körper in diesem sehr großen, enormen, immensen Bewusstsein von all diesen Partikeln kam und von all diesen Partikeln beherrscht wird. Kein Ding, groß oder klein, existiert ohne Leben.

Der Mind, der jeder dieser Ebenen begegnet ist und auf ihr in einem Übergangsritual, erschaffen hat, musste sich hier entfalten. Wenn wir also dieses Feld streng von der Seite betrachteten, weil ihm dies Charakter und Landschaft schenkt, würde euer Feld irgendwie so aussehen.[9]

ABB 2 UNSERE QUANTENZUSTANDSIGNATUR

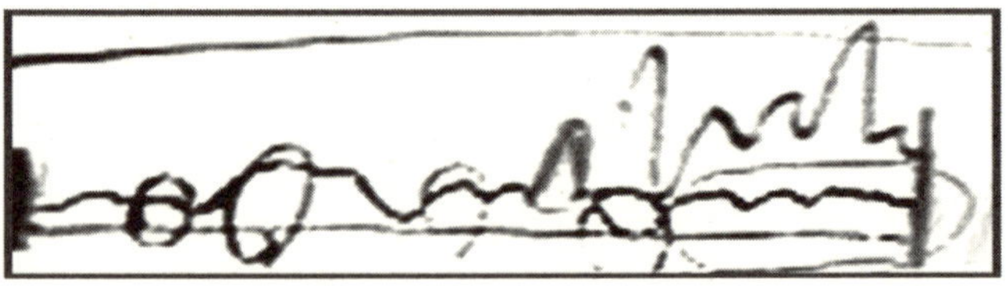

Das Quantenfeld besteht aus jedem dieser Senken und Täler hier, und diese Höhen, Tiefen und Täler in dieser Landschaft auf dem Quantenfeld sind die Formulierung der Partikel in die Masse. Dies wird zum Muster, wie euer Körper gemacht ist, woraus die DNA bestehen wird. Es wird zum Potenzial in diesem Körper, wie euer Gehirn denken und Realität konstruieren wird, gemeinsam mit allem in eurem Leben, vom Holz, aus dem ihr eure Hütten gebaut habt, bis zu den Automobilen, bis zum Benzin, das ihr in die Automobile füllt, bis zu den Kleidern auf eurem Rücken. All diese Gegenstände müssen diesem bestimmten Quantenzustand folgen, alles, jedes Sandkorn, das ihr euer Leben nennt.

Es sieht nach nicht viel aus, aber dann nochmals, habt ihr auch das Quantenfeld nicht gesehen, daher ist es ein Beispiel. Obwohl es jedoch einfach, aber rätselhafterweise mit Spitzen und Tälern und verlängerten Plateaus gezeichnet wird, ist es genau so, wie ein Quantenzustand aussieht gemäß der Denkweise des Beobachters.

Warum ist das so wichtig? Weil es der Quantenzustand ist, der auch von der Seele eingeben wurde. Information wird in diesen Quantenzustand von der Seele eingeben. Dieser Zustand ist ein sich entfaltender Zustand von der Kindheit, von Geburt an bis zum Tod. Warum wurde dies eingegeben? Ist das vorbestimmtes Schicksal und, wenn es das ist, könnte man darüber streiten, wo der freie Wille ist? Aber man könnte nur, sozusagen, dieses Argument postulieren, wenn man nicht den Rest der Geschichte kennt und die Wissenschaft in ihrer gedankenvollsten Angelegenheit nicht verstanden hat.

Dieser Zustand bedeutet, dass in der Welt des Winzigen dies das Muster ist, von dem aus ihr und die Motoren eurer DNA erschaffen wurden. Jede Zelle enthält den Quantenzustand und ist dieser. Wir können diesen Zustand nicht als etwas betrachten, das sich da draußen befindet. Das können wir nicht tun. Wir müssen diesen Zustand uns zuordnen, wie den Stiel eines grünen Halms einer Blume, der die Blume durch die grüne Röhre schiebt. Das sind wir. Ich habe einen Zustand; ihr habt einen Zustand. Warum dann ist dies das Muster eures Schicksals? Weil, um einen Körper zu haben, er aus Absicht bestehen muss, und die Absicht des Körpers dient der Erfahrung, das zu beenden, was noch offen ist, und dann das Unbekannte bekannt zu machen, die Motoren der Schöpfung, sozusagen. In der Tat folgen euer Geist, eure Seele, euer sekundäres Bewusstsein diesem Muster, dem sie entstammen und das sich nun mit diesem langen zähen Fluss des Bewusstseins beschäftigt.

Lasst uns einen Moment zurückgehen. All die großen Dinge, die ihr um euch seht, sind lebendig; aber dachtet ihr, dass diese Dinge beim Urknall unversehrt hinaus geschleudert wurden? Gibt es Kühlschränke, die immer noch irgendwo da draußen im All umherschweben? Nein, es ist sich verdichtende Materie. Alles Große um euch herum besteht eigentlich aus Materie, alle Materie besteht aus Atomen, und alle Atome wurden vom subatomaren Quantenfeld erschaffen. Gibt es also eine Trennung zwischen dem Großen und dem Winzigen? Ist es das Große, welches das Winzige erschafft?

Ich möchte euch eine Frage stellen: Glaubt ihr immer noch, dass das Große groß ist und das Winzige winzig ist, oder seht ihr einen Zusammenhang? Hättet ihr nein gesagt, dann wärt ihr nicht so weltgewandt und erleuchtet wie diese Quantenphysiker, die genau wissen, dass alles Große aus diesem dynamischen Feld kommt. Deshalb sind sie dran, und deshalb sind sie leidenschaftlich dabei. Deshalb lieben sie es. Quantenphysiker sind die größten Mystiker, die es gibt.

Es scheint, sozusagen, dass dann, wenn ihr wachst, in eurer Realität euer Körper, euer Leben – Menschen, Orte, Dinge, Zeiten und Ereignisse – dieser Formel folgen müssten.[10] Mit anderen Worten, nichts außerhalb, nichts unterhalb, nichts daneben kann die Weise, wie ihr Realität erschafft, verändern, weil ihr sie aus einem statischen Quantenzustand erschafft.

In der Quantenwelt gibt es keine Zeit

Lasst uns darüber sprechen, warum dieser Zustand der gleiche Zustand ist, mit dem ihr in dieses Leben geboren wurdet und den ihr immer noch habt. Wenn ihr in der Zeit arbeitet und euer Körper sich verändert – ihr werdet älter, die Dinge nützen sich ab – dann würdet ihr sagen: „Aber Meister, ich habe mich verändert. Mein Körper hat sich verändert. Ich bin nicht, was ich war, als ich sechs Jahre alt war. In der Tat, ich bin nicht einmal das, was ich war, als ich fünfzehn Jahre alt war."

Ich würde sagen: „Ja, du bist es, weil du absolut deiner Quantengeisteshaltung folgst."

„Verdammt."

„Ja, du bist es, weil du hier in diesem Alter bist und eigentlich nichts, nicht mal in diesem Alter, existiert, das nicht dazu bestimmt war, in dein Leben zu kommen. Dein Schicksal war es, dieses gesamte Quantenfeld zu leben, und nichts Neues oder Anderes wird dir geschehen, weil du einem bedeutsamen Muster folgst."

Von der Geburt bis zum Tod ist das unser Seinszustand und nichts in unserem Leben kann unser Leben betreten, das nicht bereits in diesem Zustand ist. In diesem Zustand gibt es keine Zeit. Wie das gute Buch sagt: „Ich bin das Alpha und Omega."[11]. Am Anfang war das Ende. In der Quantenwelt bewegen sich die Dinge nicht. Wenn sie es täten, gäbe es Zeit in der Quantenwelt, aber es gibt keine Zeit und Dinge bewegen sich dort nicht. Was sie tun, ist zu fluktuieren und das Feld neu zu positionieren. Sie verschwinden. Sie falten sich auf und entfalten sich dann, aber sie bewegen sich nicht. Es gibt keine Zeit im Quantenzustand. Deshalb wird es ein Zustand genannt, und es ist ein immer währender Zustand im Quantenfeld. Alles, was ihr gelebt habt, hattet ihr in eurem Zustand bereits. Er wird ein Zustand genannt, weil er keine Zeit hat, weil eure Geburt bekannt ist und ebenso euer Tod.

In einem Quantenzustand existieren die gesamte Vergangenheit, die gesamte Gegenwart, die gesamte Zukunft gleichzeitig in dem, was wir das Jetzt nennen. Es gibt nur einen Ort, an dem die

Vergangenheit, Gegenwart und Zukunft in einem konstanten Jetzt sind und das ist der Mind Gottes. Und in der Tat ist der Mind Gottes, sozusagen, das, woraus der Quantenzustand besteht, was euer individueller Zustand ist. In andern Worten ist dieser Zustand sekundäres Bewusstsein.

Alle Dinge über euch sind bereits bekannt. Dann würdet ihr also sagen: Gut, warum sollte ich irgendetwas lernen, wenn mein Stand der Dinge immer sein wird? Da alle Partikel gleichzeitig in allen Ebenen, in allen Potenzialen und in allen Möglichkeiten existieren, würde das dann bedeuten, dass genau der gleiche Partikelquantenaufbau meines Zustandes der gleiche Zustand sein kann, aber in unendlichen Zuständen der Möglichkeit? Ja, und alles, was wir tun müssen, ist vielleicht diesen Zustand hier ein wenig in etwas verändern, das mehr wie das aussieht.

Seht, ich habe über den früheren Zustand gemalt, so dass der frühere Zustand immer noch intakt ist. Aber ist er verändert?

ABB 3. QUANTENFLUKTUATIONEN

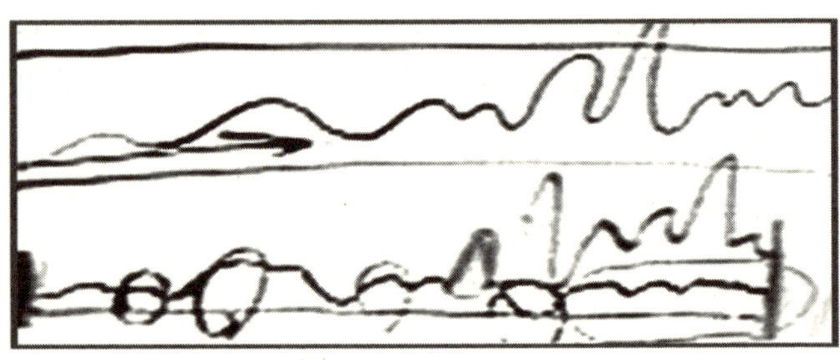

Euer Zustand und alles, aus dem er besteht – jede Position jedes intelligenten Partikels, jede praktische Intelligenz jeder Gruppierung und ihres Bewusstseins, das die Masse beeinflusst – sickert ganz nach unten zur Erde in eurem Garten. Es ist nicht nur „Mein Zustand hat sich verändert und hier ist Natur.“ Ihr könnt nicht eine Veränderung des Quantenzustands haben, ehe die Veränderung konsistent ist, bei Menschen, Orten, Dingen, Zeiten und Ereignissen.

Wenn der statische Zustand eures Quantenfeldes, das euch Leben geschenkt hat, verändert werden kann – das Muster, nach dem alle Dinge sich in eurem Leben manifestieren und nicht manifestieren können – ist es wirklich eine Veränderung des Zustands oder ist es ein möglicher Zustand, der bereits existiert?

In den Weiten einer Oort-Wolke, welche die Milchstraße in den Schatten stellt, in den Weiten des gesamten Weltraums ist die ganz grundlegende Chemie ein Derivat dieses Quantenfeldes. Die gleichen Partikel, die euch aufbauen und in der Tat die Grundlage für die Dinge in eurem Leben bilden, sind auch die gleichen Partikel in Planetoiden in der Oort-Wolke.

Wir sprechen hier nicht über exotische Partikel, wir sprechen von Grundpartikeln. Diese Grundpartikel sind in der Tat diesem Zustand gemäß kollabiert, um ein Korridor zu sein, in dem ihr euer Leben betrachtet, und alles muss ihm entsprechen. Die gleichen Partikel existieren in Planetoiden in der Oort-Wolke, die aus diesen Planeten, diesen Atmosphären, diesen Wesen, diesen Gasen besteht. Diese exotischen Orte werden immer noch von den gleichen Grundpartikeln erbaut. Diese Partikel haben gemäß einem Quantenzustand das Potenzial, sich gleichzeitig in der Oort-Wolke und den Planetoiden zu entfalten.

Ist es also möglich, dass aus eurem Quantenzustand und den atomaren Strukturen, die daraus gestaltet werden und aus denen eure Masse besteht, dass all die Strukturen dieser Atome und in der Tat dieser subatomaren Partikel in dem gleichen Augenblick auch in der Oort-Wolke manifestiert werden? Ja, aber ich habe euch gerade gesagt, dass es euer individueller Zustand wäre, euer eigener Quantenzustand. Ja, ist er. In der Quantenwelt ohne Zeit würden wir dies nur unregelmäßig und zusammenhanglos finden, wenn wir darauf bestünden, den Quantenzustand als einen Zeitzustand zu sehen. Dann würde er unregelmäßig und zusammenhanglos; aber er ist ein Zustand. Wir nennen ihn so, weil es dabei nicht um Zeit geht. Das, was als statischer Ort existiert, wird ein Zustand genannt; er verändert sich nicht. Dieser Zustand ist Vergangenheit, Gegenwart und Zukunft, alle im selben Zustand. Zudem besteht er aus dem Quantenfeld. Erinnert ihr euch an den Mind Gottes? All eure Quantenzustände verändern sich nicht, sie fluktuieren und das nennt man eine Quantenfluktuation.

Dieser Zustand ordnet die Materie, die großen Objekte in einem Zustand, der ihr seid und in dem ihr existiert. In der Tat ist dieser Zustand auch tief mit dem Quantenfeld verwickelt. Eine Quantenfluktuation würde jedoch bedeutet haben, dass es nicht eine Veränderung in diesem Zustand gab, sondern ein Zustand, der bereits als ein Potenzial existiert, sich nun als ein neuer Zustand entfaltet hat. Erinnert ihr euch an das Auffalten und Entfalten der impliziten Ordnung? Vielleicht ist es faktisch der gleiche Zustand, nur dass er sich in eine Möglichkeit verschoben hat, die jetzt ein Zustand ist.

Parallele Lebenszeiten und Quantenfluktuationen

Wenn wir über parallele Zustände, parallele Lebenszeiten sprechen, könnten wir über parallele Erfahrungsmöglichkeiten sprechen. Wir haben gelernt, dass ein konstanter Quantenfeldzustand ein Zustand ist, der nicht die Vergangenheit, die Gegenwart oder die Zukunft verarbeitet als etwas, außer dem, was der Zustand ist, daher gibt es keine Zeit.

Die Natur eines parallelen Zustandes oder Schattenzustandes des Quantenfeldes würde dann entstehen, wenn eine der Landschaften dieses gegenwärtigen Zustandes verändert oder gewechselt wird; gemäß seinem Quantenarrangement haben wir die Arrangements der praktischen Partikel verändert oder neu positioniert. Wenn wir etwas in diesem Zustand ändern, haben wir einen parallelen Zustand erschaffen. Gibt es also in der Tat Schattenzustände, die eure sind? Gibt es in der Tat parallele Zustände, in denen sich in der Tat euer Mind formen würde, weil er untrennbar damit verbunden wäre und das Muster dafür sein würde, dem euer Leben folgen würde, das Muster dessen, was in eurem Leben sein und nicht sein würde? Gibt es alternative Zustände, die auf gleichzeitige Lebenszeiten hinwiesen?

Diese subatomaren Partikel, die sozusagen in der Tat die Quantenebene ergeben, leben nicht in der Zeit. Ein Partikel könnte an unendlichen Positionen zur gleichen Zeit sein. Warum ist die Wahrnehmung eures bestimmten Quantenfeldes das statische Feld, das es ist, ohne die Mobilität, ein anderes Feld zu werden, wenn in der Tat, in Realität, wahrer Realität, die alternativen Verbindungen dieses Zustandes unendlich sind, wir sie aber nicht sehen.

Es funktioniert in der Weise, dass dieser Zustand einen möglichen Zustand innerhalb seines existierenden Zustandes auffaltet und entfaltet. Mit anderen Worten war das, was wir hier sehen, ein Entfalten einer alternativen Lebenszeit oder eines alternativen Zustandes. Die Dynamik des Feldes besteht darin, dass wir uns nirgendwo hinbewegen. Im Quantenfeld ist es ein Auffalten, und dieses Auffalten erschafft das, was man die Landschaft eures persönlichen Quantenfelds oder Quantenzustandes nennt. Also, zu wie vielen Auffaltungen kann dieser eine kleine Zustand möglicherweise werden? Unendlich vielen. Genau so wie viele Menschen in der Welt die gleiche DNA haben, ist es noch großartiger, wenn wir über die Möglichkeiten des Quantenfelds sprechen.

Der Zustand selbst verschwindet und erscheint wieder, und in seinem Wiedererscheinen würden wir in der Tat denken, dass wir nun eine brandneue Quantenlandschaft betrachten. Wir würden sagen: „Ah, diese Quantenlandschaft ist anders als die andere. Wenn wir sie fotografieren könnten, könnten wir ihren Einfluss und ihren Signaturunterschied zu der vorherigen messen.“ Aber in Wirklichkeit hat sie sich aus einem früheren Zustand in einen neuen Zustand entfaltet. Wenn euer persönliches Quantenfeld – euer persönliches Königreich des Himmels, euer persönliches Feld im statischen Selbst, das den ausmacht, der ihr jetzt seid – sich plötzlich in das entfalten würde, was wir nur einen parallelen Zustand nennen könnten, wie würde euer Leben davon beeinflusst werden? Erinnert euch, wir sind für alle Erfahrungen verantwortlich und daher geht die Macht unseres kreativen Minds direkt in den Boden, auf dem wir weiter leben, und all das ist lebendig.

Es bedeutet nicht notwendigerweise, Zustände zu zählen, denn wenn wir das täten, würden wir das Gesetz der Zustände brechen und wären zurück in der Zeit. Sie werden als Metapher verwendet, die Menschen befolgen können, die in der Zeit denken, aber in Wirklichkeit ist es ein Zustand. Die Schönheit ist, dass alles, was je gewesen ist und alles, das je sein wird, von jedem, der je war, auch in eurem Feld ist, weil diejenigen ihren Zustand in einer anderen Weise abgestimmt haben, und euer Zustand dann eine Quantenfluktuation haben kann, um genau dieser Zustand zu sein. Dann sehen wir, dass es nicht um parallele Zustände geht, sondern dass es in Wirklichkeit darum geht, wie dieser Zustand fluktuiert, die Spitzen und die Täler dieses Zustandes, wir sie sich ändern. Die winzigste Veränderung ist ein Wechsel im Quantenzustand. Ist es dann möglich, dass ein einsamer Mensch, der mit diesem Zustand beginnt, dann das so fantastische Wissen erlernen könnte und in diesem Zustand niemals sterben würde? Stimmt das mit dem Unsterblichkeitsgen der DNA überein? Stimmt es mit dem Gehirn, das ihr habt, überein, von dem ihr nur zehn Prozent genutzt habt? Wie viele andere synchronistische Beispiele muss ich euch zeigen? In dem Zustand, den ihr jetzt habt, gibt es unendliche Möglichkeiten.

Wenn wir, sozusagen über Objekte, die Erfahrungen sind anstatt Objekte, sprechen, dann sprechen wir auch über Partikel, die in der Tat Erfahrungen sind, anstatt nur einfach trockener Staub. Sie kämpfen und sind tatsächlich lebendig. Das ist ein Schlüssel hier, denn, wenn dann alle Partikel, aus denen euer Quantenfeld besteht, auch in einer vergangenen, einer gegenwärtigen und einer künftigen Möglichkeit existierten, sie multidimensional und vielfach unbegrenzt wären. Ihre Kapazität zur Erfahrung in einer Gruppierung ist unendlich und niemand hat die Mathematik für Unendlichkeit.

Wenn wir eine Quantenfluktuation auf der Landschaft dieses eures Quantenfeldes haben, dann hat sich das Feld vom eigenen Feld in ein mögliches Feld verschoben, und besetzt nun den gleichen Zustand. Das würde bedeuten, ein paralleles Feld hat sich gerade in den konstanten Zustand verschoben. Wie beeinflusst dieser Wechsel euer Leben, das in der Tat sehr sanft, sehr beständig zu sein scheint? Da ist das gleiche Haus, das gleiche Ding, da sind die gleichen Blumen und ich sage euch, dass dieser Zustand alle Menschen, Orte, Dinge, Zeiten und Ereignisse in diesem Zustand reguliert. Kein Ding kann in euer Leben kommen, das nicht diesen gleichen Zustand teilt.

Seid ihr beinahe bereit, euch durch dieses Wissen vom Konzept, dass ihr ein Opfer eurer Realität seid, zu verabschieden? Seid ihr bereit, euch von dem Konzept zu verschieden, das da heißt, ihr gegen euer Leben? Seid ihr beinahe bereit, euch von dem Konzept zu verabschieden, dass es da euch und dann dort Gott gibt? Wenn ihr dem folgen, es sprechen, es wissen könnt, dann seid ihr genau hier oben mit den größten und brillantesten Köpfen in der Quantenphysik, die in die tiefsten Mysterien ihrer Potenziale eintauchen. Wenn ihr für diesen Abschied bereit seid, dann beginnt ihr etwas über euch zu verstehen und warum ihr in all diesen Jahren ein Opfer der Umstände eures Lebens gewesen seid.

Denkt ihr wirklich, dass ihr ein solches Individuum seid, dass ihr in die Quantenphysik nicht einbezogen wärt? Denkt ihr, dass ihr so individualistisch seid, dass irgendwie ihr, euer Quantenzustand und sein daraus resultierendes Leben eine rechte Verschwörung Gottes wären? Seid ihr bereit, euch davon zu verabschieden, dass ihr so speziell, so besorgt, so traumatisiert, so abgestumpft von der Härte des Lebens seid, dass es da eine weltliche, individualistische Bestrafung geben muss, die das Quantenfeld an euch verteilt und ihr aus irgendeinem Grund nicht wisst, warum? Seid ihr bereit, euch von der Erhaltung des Mangels zu verabschieden? Seid ihr bereit, euch davon zu verabschieden, sagen wir beispielsweise, so verdammt glücklich zu sein, dass ihr alles habt, was ihr wollt, aber euch so verdammt schlecht fühlt, dass es andere nicht haben? Seid ihr bereit, euch von Kontrolle zu verabschieden, und davon, dass etwas da draußen euch Armen geschieht? Wenn ihr weiter macht, nachdem ich euch all das gelehrt habe, verdient ihr es.

Das bringt meine frühere Aussage zur Sprache. Wenn der Mind untrennbar mit dem Quantenfeld verbunden ist, was ist dann die kontrollierende Kraft, die den Körper aus diesem sehr großen Strom des Bewusstseins bestimmt? Die Weise, wie der Körper und die Umgebung, in die der Körper geboren wird, zusammengefügt werden, basiert auf diesem Gesetz. Alles, das der Mind, in der Tat das sekundäre Bewusstsein erfahren wird, wird auf diesem Boden basieren und von diesem Boden erblühen.

Die Entschleierung der verschlüsselten Seelentextur

In der Quantenwelt wird unsere Signatur oft von einer Anomalie und einem Phänomen namens Seele kontrolliert, und die Seele ist der ultimative Protokollführer. Kontemplation ist der Schlüssel zur Erweiterung, sogar im Quantenfluss. Wenn beispielsweise unsere Mission so einfach sein könnte, wie ich es euch gelehrt habe, dass in der Tat Gott in seiner Ewigkeit sich selbst kontemplierte und in Kontemplation sekundäres Bewusstsein erschaffen hat und die magische Reise des egoistischen Erfahrens und des sich selbst Liebens begonnen hat, dann sind wir dieses Selbst und in der Tat diese Reise. Die Seele hat Buch geführt über die Projekte, die wir begonnen haben.

Betrachtet die Seele als ein großes Buch mit Seiten, die aus Licht bestehen. Auf diesen Seiten steht eine geheime Sprache, und diese Sprache auf diesen Seiten besteht aus Symbolen. Wenn wir den Code brechen wollten, könnten wir vielleicht anfangen, diese Symbole als Quantenfluktuationen wahrzunehmen. Vielleicht sind, was wir für Symbole halten, tatsächlich Zustände von bewusster Fluktuation, die auf einer einzigen Seite geschrieben stehen. Sie sehen wie Hieroglyphen aus, sind es aber nicht. Es sind nicht die Feuerworte der Kabbala, aber ihnen ähnlich, weil jeder Buchstabe etwas aussagt. Die einzige Weise, diesen Code zu brechen besteht darin, zu verstehen, dass die Anordnungen dieser Buchstaben Anordnungen der Quantenpotenziale sind.

Wenn ihr ein Buch öffnen, eine mathematische Gleichung lesen, eine Zeichnung sehen und all die Schlüssel dieser Zeichnung verbinden würdet, könntet ihr ein Muster entwickeln, das wie eine bizarre Figur aussieht. Aber wenn ihr es über die Zeichnung legen – die Zeichnung von Partikeln, die im Quantenfeld reagieren, oder Fermionen und Bosonen, die von einigen angezogen, von anderen zurückgewiesen werden – und das ansehen und dann die Beschreibung darüber, was es ist, lesen würdet, ist es vielleicht das, was im Buch des Lebens steht, das kein Mensch lesen kann, nur der Heilige Geist lesen kann.

Das ist tief okkultes Wissen. Macht keinen Fehler: Das Buch existiert, und kein Fleisch und Blut kann lesen, was es enthält. Nur der Heilige Geist kann es lesen. Wir verstehen, was der Heilige Geist ist: ein Quanteneinzeller namens Mind. Die Seele versucht dann, diese Konstruktion zu konfigurieren als einen Zustand, der die Konfiguration, die Involution, einbezieht. Das Buch des Lebens konfigurierte all diese Zustände als Erfahrungen und in Erfahrungen wurde diesen Zuständen Leben geschenkt. Das waren die großen Motoren der Schöpfung.

Wahre und falsche Quantenfluktuationen

Das Buch trägt all diese Informationen in sich und sie sind in einem Code im Sinne von Partikeln enthalten, denen analog Leben gegeben und auf denen dann großzügige Gleichungen aufgebaut wurden. Zwischen dem, was das Licht genannt wird, die implizite und explizite Ordnung, haben wir ein Problem. Im Buch des Lebens oder der Seele habt ihr unvollendete Schöpfungen, die über einfache Fabrikation hinausgegangen sind.

Was wäre, wenn wir uns zur Veränderung entschieden, aber unser Bedürfnis als Basis der Veränderung verwendeten? Das Bedürfnis ist der Höhepunkt. Wir wechseln vom Alten und Lausigen zum Neuen und Verbesserten, aber die zentrale Eigenschaft ist der gleiche Höhepunkt. Hier ist der Schlüssel. Der Schlüssel ist, dass wir den Quantenzustand, der in der Tat die Angelegenheiten unseres Körpers und in der Tat allen Gewebes enthält, verwenden. Alles Leben und wie wir damit in dieser Realität interagieren, ist alles Teil unseres Quantenzustands. Wir verändern und erschaffen Quantenfluktuationen nicht jedes Mal, wenn wir eine Beziehung wechseln. Wir folgen dem Muster, indem wir einfach das Quantenfeld der wiederholten kulminierenden Erfahrung sind, und alles, was wir tun, ist Masse zu Masse zu nutzen, unseren eigenen Quantenzustand, um den Höhepunkt zu haben. Was könnte sich ändern? Es ist für euch wichtig zu verstehen, dass bei jedem Bedürfnis Masse zu Masse zu handeln, keine Quantenfluktuation eures Quantenzustandes in einen parallelen Zustand stattfindet. Wie werten wir Veränderung dann hier? Ihr habt im Grunde euer Leben in einem Sinn gewertet, sodass ganz egal, was ihr tut, ihr gezwungen seid, aus einem Bedürfnis zu schaffen.

Was hat die Seele damit zu tun? Das ist eure Signatur in Reinkarnation, dass das, was ihr in diesem Quantenzustand immer tun werdet, Menschen, Orte, Dinge, Zeiten und Ereignisse zu haben ist. Es ist mir egal, was ihr mit ihnen tut. Ihr könntet sie einordnen von reich zu arm oder hässlich, fett, dünn zu schön. Das ist alles das Gleiche. Ihr könnt euch von diesem Ort an jenen Ort begeben. Ihr könnt dies essen, im Unterschied zu dem. Ihr könnt nach all euren Bedürfnissen suchen, denn ihr seid gezwungen, es zu tun. Ihr könnt sagen: „Nun, ich bin hierher gezogen, ich habe alles, was ich hatte, verkauft, und ich habe große Veränderungen in meinem Leben gemacht." Nein, habt ihr nicht. Ihr habt nur innerhalb des Gesetzes dieses gefrorenen Zustandes, der euer Quantenfeld genannt wird, agiert. Ihr habt nur in ihm agiert. Neue Gesichter bedeuten nichts, weil ein neues Gesicht in eurem Leben ein zum Höhepunkt gebrachtes Bedürfnis ist. Und die Tragödie ist, wir wissen, dass wir es tun. Ist das nicht so? Ganz egal, was ihr in diesem Zustand tut – ihr könnt sagenhaft reich oder sagenhaft arm werden – er fluktuiert nicht. Ihr bewegt euch absolut innerhalb der Struktur dieses Quantenfeldes, denn egal, wohin ihr in dem Quantenfeld geht, seid ihr ein Zustand der unvollendeten Schöpfung.

Was hat das mit euch zu tun? Wie kann ein winzig kleiner alter Zustand eine derart treibende Kraft in eurem Leben sein? Weil er das Muster der Seele ist, das besagt, dass ihr hierher zurückkommen werdet und ihr von Fleisch und Blut in eine Umgebung geboren werdet. Ihr erblüht von diesem Quantenzustand. Nichts Anderes wird sich in diesen Zustand hineinbewegen, aber alle werden sein Gesetz beachten, denn in diesem Zustand müsst ihr auf euren Höhepunkt treffen, bis ihr erkennt, was ihr tut und es euch angeeignet habt. Nur dann haben wir eine Quantenfluktuation.

Ihr versteht jetzt, dass dieser Quantenzustand um das Treffen auf Höhepunkte bei Menschen, Orten, Dingen, Zeiten und Ereignissen herum gestaltet wurde. Das ist die Wahrheit. So tief geht es. In diesem Zustand kann man alles Geld in der Welt bekommen, aber es wird einem keinen Frieden bringen, weil ihr den Höhepunkt wiederholen müsst. Ihr könnt die ärmste Person in diesem Zustand sein und in diesem Zustand werdet ihr ständig auf Mangel treffen. Es ist ein Höhepunkt. In diesem Zustand könnt ihr alle dazu bringen, euch zu lieben, weil ihr allen, die in euer Feld kommen, kaufen könnt, was auch immer sie brauchen, mit ihnen tun, was auch immer sie benötigen, all ihre Bedürfnisse einrichten, alles sein, was sie euch zu sein wünschen. Und wie könnten sie euch nicht lieben in dieser Schloss-und-Riegel-Beziehung?

Sogar unter diesen Umständen könnt ihr Liebe haben, aber nur unter der Einschränkung, dass jedes Ding, jede Person, jeder Ort, jede Zeit und jedes Ereignis einen emotionalen Höhepunkt wiederholen muss. In diesem Zustand könnt ihr alles für jeden sein. Ihr könnt jeden verführen. Ihr könnt alles bekommen, was ihr wollt. Ihr könnt schön sein. Ihr könnt sexy sein. Ihr könnt da sein in ihrem Wunschtraum. Ihr könnt Vierteldollar aus eurem Mund spucken. Ihr könnt ihnen alles kaufen, was sie wollen. Ihr seid wie Klebstoff und sie werden euch lieben. Was geschieht, wenn sie euch lieben? Es ist langweilig. Ihr habt es getan, ihr habt sie dazu gebracht, euch zu lieben. Für euch ist das nur ein weiterer Höhepunkt ohne Lösung, daher werdet ihr gelangweilt sein und dann werdet ihr anfangen, die anderen auseinander zu nehmen. Ihr werdet anfangen, ihre Fehler zu suchen, sie darauf hinweisen, sie daran erinnern, dass sie alles bekommen haben, sie erinnern, dass ihr der Geldverdiener seid, sie daran erinnern, dass „Niemand dich jemals so lieben wird, wie ich es tue".

Kein Wunder, dass euch düsterer Katzenjammer überkommt und ihr so traurig und deprimiert seid. All eure Freunde rund um euch wollen loslaufen und euch all die Dinge besorgen, die ihr liebt und braucht, und sie erkennen nicht, dass ihr gar nichts liebt. Ihr liebt gar nichts. Ihr seid deprimiert, weil ihr süchtig seid, und ihr habt Liebe in einer berechnenden Form für einen Höhepunkt untergraben. Was können sie für euch tun? Sie sind alle in eurem Quantenfeld. Was werden sie für euch tun, euch Hühnersuppe bringen? Diese Hühnersuppe ist jetzt in eurem Quantenfeld. Wohin könnt ihr gehen, um von euch entfernt zu sein? An jeder Ecke gibt es eine Gelegenheit für einen Höhepunkt. Was sollt ihr tun? Es gibt sogar einen Höhepunkt, der mit Depression zusammenhängt. Es gibt einen Höhepunkt, der mit Traurigkeit zusammenhängt. Es gibt einen Höhepunkt, der mit allem, was ihr tut, zusammenhängt. Ihr müsst verstehen, dass es die gleiche Emotion ist, die in eurem Leben nur anders gezeigt wird. Es ist die gleiche Emotion, die ihr euch nicht angeeignet habt.

Höhepunkt gegen Weisheit

Im Infrarot, der ein umgekehrter Zustand ist, eine Art Antimaterien-Zustand, werden Menschen, die erdgebunden sind und in ihren Infrarotkörpern feststecken, versuchen, in diesem gleichen Zustand einen Höhepunkt zu haben, aber sie erleben den Höhepunkt niemals. Sie werden essen, aber nicht zufrieden sein. Sie werden lügen, aber nie getäuscht sein. Deshalb gibt es Wesenheiten, die hier erdgebunden sind, die Süchtige sind. Sie sind Drogensüchtige. In ihrer Sicht sind sie gequälte Seelen, und auf dieser Ebene befinden sie sich in einer ewigen Qual durch das, was anfängt, sie hier zu plagen. Im Infrarot gibt es keinen Höhepunkt der Qual, wie es ihn hier auf dieser Ebene gibt. Hier hat Qual einen Höhenpunkt namens Erlösung. Das ist das Hochgefühl. Im Infrarot gibt es keine Erlösung, weil es keinen Höhepunkt gibt. Es gibt da einen ganzen Ort, wo Orgien stattfinden, Menschen in jeder denkbaren erniedrigenden Position Sex haben, wie in einer Grube voller Schlangen, die alle ineinander verbissen sind. Warum bleiben sie dort? Jeden neuen Infrarotkörper, der in die Grube kommt, verzehren sie, weil keine andere Assoziation einen Höhenpunkt gebracht hat. Das wird eine gequälte Seele genannt. All das existiert im Infrarot: die Gewohnheit, das Essen, das nicht sättigt, das Feuer, das nicht wärmt, das Spiel, das nie gewonnen wird, die Wahrheit, die nie gefunden wird, der Heilige Gral, nie gefunden.

Das ist die große alte Weisheit über das Quantenfeld, das zwangsläufig von unserem Mind stammt. Was wir über Mind wissen und wie er sich auf dieser Ebene manifestiert, ist, dass er herab gestiegen ist und sich tatsächlich entfaltet hat, dass der Mind das ist, was dem Quantenfeld der Person das Muster des Lebens gibt.

Die Seele gestaltet dann das Quantenfeld. Das hereinkommende sekundäre Bewusstsein in Körperform ist eine lebendige Projektion dieses Feldes, und sein Leben mit Menschen, Orten, Dingen, Zeiten, Ereignissen und Umgebung wird von diesem Feld beeinflusst. Jetzt haben wir einen Körper, in der Tat, ein Gehirn, in der Tat, große Gegenstände, und wir sind jetzt im Fluss von Bewusstsein und Energie in Hertz.

Unser Gehirn fängt einen gefrorenen Moment aus diesem ewigen Fluss ein. Dieser gefrorene Gedanke wird im Gehirn neurologischer Gedanke genannt. Dieser Gedanke wird dann aufgebaut durch weitere gefrorene Momente aus dem Fluss dieses Bewusstseins, nicht des Bewusstseins oder der Energie der vierten Ebene oder dritten Ebene oder fünften Ebene, sondern des bewussten Flusses, in dem der Auftrieb der Masse seinen Bereich hat. Das Gehirn funktioniert in diesem Bewusstsein, friert Gedanken in neurologische Formen und bringt sie in den Stirnlappen. Sie werden vom Beobachter beobachtet und in die Manifestation gebracht durch das, was man eine Verschiebung der Quantenfluktuation nennt. In dieser Verschiebung wird der Körper gleichzeitig chemisch auf die Erfahrung in Richtung Höhepunkt vorbereitet. Dann zieht sich das sekundäre Bewusstsein vom Höhepunkt zurück in das Gehirn, und die neue Erfahrung wird nun Mind genannt. Leben wurde ihm nun auf der Ebene der Realität geschenkt. Gott hat eine hübsche Blume gepflanzt, und wenn Gott weiterzieht, blüht die Pflanze hinter Gott.

Was sollen wir also dann über den Mind sagen? Dass der Mind untrennbar mit diesem statischen Zustand verbunden ist, diesem Quantenzustand. Das neue Leben gestattet uns, diese Konzepte zu beenden, die wir irgendwo in diesem gleichen Bewusstsein begonnen haben. In diesem Leben sind wir mitten in der Schöpfung, und wir sind süchtig nach dem Höhepunkt anstatt nach Weisheit. In diesem Leben wird unser Gehirn durch Manifestation dieser Gelegenheiten etwas zur Qualität des Minds hinzufügen und entweder das Feld als ein statisches Feld verstärken, als einen gefrorenen Zustand, oder in diesen Interaktionen zu einem Zustand der Weisheit gelangen, in der dann der Zustand nun ein neuer Zustand ist, da dieser neue Zustand euer neues Leben formulieren wird.

Jeder Höhepunkt, den ihr braucht, ist eine Sucht und muss mit der dahinter liegenden Einstellung aneignet werden. Wenn ihr ihn euch angeeignet und zurück in den Mind gebracht habt, als das, was ihr gemeistert und erobert habt, dann erscheint dieser Zustand in dem Augenblick, in dem ihr es euch angeeignet habt, als der neue Zustand. Das bedeutet für alle Menschen Orte, Dinge, Zeiten und Ereignisse in eurem Leben – der Korridor der Projektion aus diesem Zustand – dass euer Leben sich nicht verändert hat, es keine Evolution in Richtung Veränderung ist, und keine langsame Erkenntnis gegeben hat. Es hat sich augenblicklich in das verändert, was wir zuvor als parallele Zustände bezeichnet haben, unendliche mögliche Zustände. In der großen Welt hier, in der alltäglichen Welt eures Lebens, was bedeutet da eine Veränderung in einer Quantenfluktuation in eurem Quantenfeld für das Leben, das ihr zuvor hattet? In dem Augenblick, in dem es eine Quantenveränderung in diesem Feld gibt, entwickelt ihr euch nicht darauf hin, sondern habt euch augenblicklich in eine neue Basis für euer Leben verändert. Augenblicklich lebt ihr jetzt in einer parallelen Lebenszeit. Diese parallele Lebenszeit ist die große Entsprechung der kleinen Definition von Lebenszeit in der großen oder winzigen Zustandsveränderung, die ihr gemacht habt.

Eine Veränderung im Quantenzustand bringt eine parallele Lebenszeit, und in dieser Lebenszeit ist jetzt alles anders. Die Beziehung zu euch und eurer Umgebung ist angehoben, denn was euch zuvor getrieben hat, ist jetzt in der neuen Veränderung kein treibender Einfluss mehr. Ihr seid jetzt in einer parallelen Existenz. In der parallelen Existenz lässt unser Mind unseren Körper nicht im alten Zustand zurück, sondern vielmehr kann dieser Körper ebenso in parallelen Existenzen leben, weil er aus Quantenmaterial gemacht ist. Er hat sich jetzt in das Neue, die neue Halle, das neue Leben verschoben, und alles ist anders. Es wird offensichtlich, dass der Höhepunkt, der einst euer Leben beherrscht hat, nun zur Ruhe gekommen ist. Der alte Höhepunkt ist im neuen Leben nicht offensichtlich und seine Einflüsse werden in Menschen, Orten, Dingen, Zeiten und Ereignissen nicht mehr gesehen. Das ist die Wahrheit.

Dieses Wissen ist der Schlüssel zum Königreich des Himmels.

WAS IST DANN DIE BEDEUTUNG DES LEBENS?

Was ist die Bedeutung des Lebens? Jetzt verstehen wir, dass eurem Leben Erfahrung gegeben wurde, und es eine Projektion des grundlegenden Winzigen ist, das bereits von Geburt bis zum Tod weiß, dass ihr ein unvermeidliches Ende habt, wenn ihr dem folgt und nach dem lebt, was ihr euch nicht angeeignet habt. Das ist euer Zustand. Veränderung innerhalb dieses Zustandes erschafft keine Quantenfluktuation. Eine den Mind verändernde Wandlung erschafft eine Quantenfluktuation. Dann beginnen wir vielleicht zu verstehen, warum es parallele Quantenzustände von unendlichen Möglichkeiten geben kann, weil diese winzige Aussage für die große Sichtweise einer parallelen Lebenszeit verantwortlich ist. Parallele Lebenszeiten entsprechen Quantenveränderungen in Zuständen des Bewusstseins, in Zuständen des Quantenfeldes. Sie sind das Gleiche. Eines ist das Winzige, das das Große beherrscht.

Ihr seid an einer parallelen Lebenszeit interessiert. Es gibt hier in dem Augenblick parallele Lebenszeiten, die nicht von etwas Abstraktem handeln, sondern von euch selbst. Wir erklären hier nicht etwas Abstraktes. Wenn wir also über parallele Lebenszeiten sprechen, reden wir über Quantenveränderungen der Quantenzustände. Nun seid ihr nur an einer Lebenszeit interessiert. Ist es möglich, während wir reden, in eurem gleichen Körper ohne zu altern, quantenparallele Zustände in das derzeitige Leben zu verschieben? Gemäß der Wissenschaft ist das eine Wahrscheinlichkeit, ja. Also ist das jetzt kein New-Age-Larifari-Zeugs. Das ist eine Möglichkeit. Ich möchte euch Etwas fragen: In eurem parallelen Leben, im gleichen Körper, dem gleichen Du, wie würde euer Leben sein, wenn all eure emotionalen Bedürfnisse erfüllt und befriedigt worden wären? Der Körper muss nicht sterben, muss nirgendwo hingehen. Was, wenn ihr euch Emotionen namens Groll und Wut – sie sind untrennbar verbunden – angeeignet hättet, wer würdet ihr sein?

Lasst mich euch ein anderes Beispiel geben. Wir verstehen, dass dieser Quantenzustand ein seelenvolles Muster davon ist, wie wir denken, was in unserem Leben ist, und unsere Fähigkeit, uns innerhalb dieses Lebens zu unendlichen Signaturen des Gleichen zu bewegen, ohne ein einziges Mal den Zustand zu verändern. Wenn wir wissen, wie das funktioniert, wie würde dann euer Leben sein, wenn ihr von zwei Eltern geboren werdet, die so in ihr eigenes emotionales Ding involviert waren, dass sie euch verließen? Ihr hättet das als Start ins Leben gebraucht, weil eure Suche nach Liebe und danach, umsorgt zu werden, genau die kontrollierende Macht war, mit der ihr wirklich die Kontrolle haben und alle anderen kontrollieren wolltet, indem ihr ihnen alles gebt, damit sie euch lieben. Der ultimative Höhepunkt ist kontrollierende Liebe.

Wenn wir das wissen, wie würde dann unser Leben sein, wenn wir wüssten, dass dies der Grund war, warum wir dieses Leben hatten und dass unsere Höhepunkte ganz von Anfang an danach gestaltet waren, uns zu verlassen und Liebe für den Rest unseres Lebens zu kontrollieren? Wie wärt ihr heute, wenn ihr euch das hättet aneignen können? Würdet ihr in einem andern Leben sein? Würde sich die Dynamik des Zustandes verändert haben? Ja, denn sich das anzueignen bedeutet, dass wir eine Quantenfluktuation in dem Zustand haben. Wenn wir eine Quantenfluktuation in dem Zustand haben, taucht im nächsten Moment eine neue Lebenszeit auf, obwohl es übergangslos scheint. Aber was nicht in diesem Leben wäre, ist kontrollierende Liebe. Wie anders wärt ihr heute, wenn ihr das nicht getan hättet? Wie anders wäre euer Leben? Was wäre nicht in eurem Leben und was wäre da?

Ein weiteres Beispiel ist: Warum seid ihr unsicher? Warum habt ihr dieses emotionale Bedürfnis erschaffen, einen Höhepunkt im Gefühl des Unwürdigseins zu erleben? Mit Wissen versteht ihr nun etwas von einer Wissenschaft, die so flüchtig und unglamourös für die Menge ist. Ihr versteht jetzt etwas vom Quantenfeld, das ihr nie zuvor gewusst habt, und dieses Wissen lässt euch so wundervoll fühlen. Warum? Weil es eine Gelegenheit bedeutet. Weil es die Höhepunkte der Unsicherheit beschließt und Weisheit bringt. Wissen beendet Unsicherheit.

Wie anders werdet ihr jetzt sein, da ihr wisst? Wir haben über euch gesprochen, wie ihr wisst. Ihr und euer Leben seid es, worüber wir sprechen. Wie weise müsst ihr bereits sein, wie schockie rend frei, wie verständnisvoll. Ihr dürft jetzt keine Lücken auf der Straße in das Königreich Gottes haben.

Den Magnetismus der Vorhersagbarkeit durchbrechen

Jetzt, da wir diesen konstanten Quantenzustand verstehen und Quantenfluktuationen unendliche Möglichkeiten innerhalb dieses Zustandes entfalten, könnten wir das in die große Welt als parallele Lebenszeiten reflektieren, in die wir uns mit jeder bedeutungsvollen Eigentümerschaft innerhalb unseres Lebens verlagern. Wir verlagern, nicht verändern uns in einen neuen Quantenzustand und ein neues großes Leben. Wir können ganz klar sagen, dass ihr, euer Mind und eure Einstellungen, die Kontrolle über euren Quantenzustand haben und euer gesamtes Leben beeinflussen. Genau genommen ist euer Leben auf euren Einstellungen aufgebaut. In den alten Tagen nannte man das, die eigene Macht zurückholen.

Ihr seid nach Höhepunkten süchtig, ob nun in sexueller oder in Konsumform oder jedem Punkt, der eine Emotion zu einem Höhepunkt hocharbeitet. Die Wiederholung des sich zu einer chemischen Explosion Hinarbeitens, um euch dieses Hochgefühl zu geben, wird jetzt von eurem Körper übernommen. Dann kommt ihr herunter und fangt an, euren Körper wieder darauf hinzuarbeiten, weil euer Zustand so aussieht. Jeder in eurem Leben, der weise ist, weiß das über euch und weiß, dass es die einzig mögliche Reflexion, die ihr habt oder die andere für euch haben, ist, wenn sie dieses Bedürfnis beschleunigen können. Ansonsten sehen sie nichts Anderes an euch. Ihr steckt irgendwie in diesem Quantenzustand fest, weil ihr innerhalb dieses Zustandes auf den Höhepunkt hinarbeitet. Es gibt keine Fluktuation in diesem Zustand.

Würdet ihr dann sagen, dass eure Süchte mit dem ersten Höhepunkt begonnen haben? Ich spreche von Höhepunkt im offensichtlichsten Sinne, sexuellem Höhepunkt, oder bei Kindern, Verbrechen und Bestrafung, gut und schlecht, Bestrafungsgrößen. Alles, was wir tun, hat einen Höhepunkt, ob es nun ein Höhepunkt der Bestrafung ist, ein Höhepunkt des Gutseins, ein sexueller Höhepunkt, dass wir werben und lügen und all die Dinge tun, nur um diesen Höhepunkt zu haben. Aber der sexuelle Höhepunkt, obwohl der offensichtlichste der Höhepunkte, deutet auch andere subtile Höhepunkte an, wie den Böse-Sein-Höhepunkt oder den Depressionshöhepunkt oder den Kontrollhöhepunkt oder den Erlösungshöhepunkt. „Wir haben zu viel Frieden in unserem Leben. Ich muss Chaos erschaffen, damit ich romantisch sein kann." Romantik kommt nicht von Frieden. Sie kommt von Unanständigkeit, Erlösung, Bindung. Wenn wir also Bindung wollen, müssen wir diesen ganzen Weg erschaffen, um romantische Liebe und Bindung zu erschaffen. In diesem bestimmten Zustand bedeutet, unsere Güter und Dienste für unsere Bedürfnisse zu stehlen, dass wir uns ihnen innerhalb unseres Zustandes annähern und mit dem, was in unseren Zustand gelangen kann, uns Masse zu Masse damit konfrontieren müssen. Sogar unser Unterhalt, wie groß oder klein er sein mag, kommt von diesem Zustand. Wenn wir kluge Lügner sind, wenn wir die Menschen sind, die jeden in uns verliebt machen können, sind wir vermutlich am erfolgreichsten dabei, das zu bekommen, was wir im Leben wollen, da solche Menschen alles für jeden sein können, und die Belohnung ist, von ihnen zu bekommen, was sie wollen. Zu lügen bedeutet nichts. Es bedeutet nichts. Alles dient einem Höhepunkt an Gütern und Diensten.

Sogar unser Bedürfnis, dass sich jemand um uns kümmert, besteht, weil wir in dieser Inkarnation vor uns selbst beschützt werden müssen, daher müssen wir jemanden in unserem Leben erschaffen, der immer für uns da sein wird, weil wir wissen, dass wir diese Höhepunkte benötigen werden. Wir brauchen jemanden, mit dem wir gestrandet sind und der uns vergeben, uns hegen und uns reinigen wird, damit wir hinausgehen und es wieder tun können. Da gibt es jene in diesem Zustand, die diesen Teil wirklich gut spielen. Ihr seid die Konstante. Es ist auch euer Weg, Menschen zu kontrollieren und sie dazu zu bekommen, euch zu lieben. Ihr werdet die Konstante in ihrem Leben sein. Sie können hinausgehen, diese Höhepunkte erleben und all diese Dinge tun, aber ihr werdet der konstante Spieler sein, zu dem sie alle nach Hause kommen. Wenn sie zu euch nach Hause kommen, was ihr dann tun dürft, ist die Methodik zu beherrschen, in der sie leben müssen, und das nennt man den Höhepunkt der Macht. Ihr seid derjenige, der liebt. Wie der verlorene Sohn verlassen sie das Zuhause, gehen hinaus und tun all diese Dinge, geben euer Vermögen aus, aber das ist nicht der Höhepunkt. Der Höhepunkt ist, dass ihr der Erlöser seid. Ihr seid derjenige, der Mitgefühl schenkt. Ihr seid derjenige, der vergibt. Ihr seid derjenige, der den verlorenen Sohn wieder zu Hause aufnimmt.

Die Evolution des Zustandes innerhalb eures Quantenzustandes ist sehr gefährlich, denn ihr habt übertragene Emotionen, unvollendete Realität aus vielen Lebenszeiten, weil ihr nach dem Höhepunkt süchtig seid. Jede neue Inkarnation basiert auf einem statischen Quantenzustand, der sich selbst an das Beben und die Konsequenzen anpasst. Beispielsweise hattet ihr in den alten Tagen wahrscheinlich keine Macht, wenn ihr kein Land hattet, aber wenn ihr Land hattet, dann gehörte es der Prinzessin oder dem Edelmann, deren Eigentum es war. Also wurde der Großteil eurer Ernte eigentlich für sie eingebracht, und ihr hattet Stückchen, von denen eure Familie als in Naturalien zahlender Pächter leben konnte.

Wenn ihr also beim Stehlen oder Zurückhalten von mehr als der Landeigner hatte, erwischt wurdet, wurden eure Hände abgehackt. Das war rasche und einfache Justiz, aber deren Auswirkungen waren katastrophal, denn wer bearbeitete dann das Land? Die Kinder und die Ehefrau mussten das Land bearbeiten, und der Mann hatte keine Hände. Dann wird er von seiner Familie erlöst, die nun der Ernährer sein muss. Und nicht nur tragen sie die Last ihrer Existenz, sie müssen einen Teil ihrer Existenz abgeben, um zu überleben.

Heute in dieser Inkarnation, in dieser sich rasch entwickelnden, kollabierenden Gesellschaft, werden Heuchler verspottet. Wahrheit in ihrer fleischlichsten Form ist beliebt. Es gibt keinen sexuellen Gedanken, keinen Gedanken der Vergeltung, keine Einstellung gegenüber den Reichen, den Armen, den Schwarzen, den Weißen, den Gesetzgebern, den Gesetzesbrechern, die nicht in Musikform da draußen ist. Es ist heute beliebt, Menschen bei ihren Lügen zu nehmen. Heute könnt ihr keine Teezeit unter vier Augen abhalten, weil dieses Bewusstsein, euch einen Heuchler zu nennen, so hartnäckig ist. Die Wahrheit zeigt sich sofort, da dies die Natur dieses Jetzt-Minds ist. Außerdem werden euch in dieser Gesellschaft nicht länger die Hände abgehackt.

Was ihr zu tun gelernt habt, ist Menschen durch politische Strategie, durch Freundschaft zu nutzen oder sie dazu zu bringen, euch zu vertrauen und sich um eure Bedürfnisse zu kümmern, ohne euer Kreuz, in der Sonne im Feld gebeugt, brechen zu müssen, ohne in der Feuerlinie stehen oder für jeden Cent hart arbeiten zu müssen. Jemand anderer wird es für euch tun, und alles, was ihr tun müsst, ist die anderen dazu zu bringen, euch zu lieben.

Die Wahrheitslehren sind die am meisten gehassten und geliebten Teile meiner Lehren. Warum waren sie so wichtig? Sofern Menschen nicht angesprochen und ihnen nicht gezeigt werden kann, zu sein, was sie sind, ist es das, wonach sie immer süchtig sein werden. Es wird in dieser Lebenszeit keine Quantenfluktuation geben, weil ihr Geheimnis sie besitzen wird. Ich war ein rätselhafter Gott, aber was habe ich getan? Ich wurde analog mit genau den Menschen, die ich verurteilte, damit diese Verurteilung in eine tiefere Ordnung ihres Quantenzustandes reichen würde. Man kann nicht ein Gott sein, der Flügel und eine weiße Robe trägt, und jemanden verfluchen, weil er ein Geheimnis hat. Man muss analog diese Person sein, und wenn ihr das seid, dann kommt durch Gnade und Assoziation Wahrheit zum Vorschein, und jetzt haben wir Fluktuationen im Quantenfeld.

Ihr habt jetzt ein besseres Verständnis des gefrorenen Zustandes eures Quantenfeldes und darüber, dass ihr innerhalb dieses Feldes gearbeitet habt, ohne es zu verändern. Jetzt wisst ihr, warum es einen Anfang und ein Ende gibt und diese bereits bekannt sind. In diesem Quantenzustand, der unbeweglich ist, tickt die biologische Uhr des Körpers weiter. Der Mind Gottes gab uns dieses Leben im Großen, und in diesem Leben erträumt uns ein größeres Wesen. Dann leben wir diesen Traum entweder als ein vorhersagbarer Traum oder als ein innovatives Individuum aus. Wenn ihr eure Bedürfnisse erfüllen könnt, indem ihr sie mit Hilfe dieser Wahrheit versteht, ist der einzige Weg, um nicht an euren emotionalen Leiden zu sterben, auf die Himmelstreppen zu steigen, die in diesem Fall parallele Lebenszeiten wären, die in diesem Moment der Weisheit hereinkommen. Euer Leben wechselt in neue Verläufe aus Quantenfluktuationen in eurem Quantenfeld, weil euer Mind, in der Tat, untrennbar damit verbunden, sich nun verändert und erweitert hat. Der Mind, mit dem wir begonnen haben, hat sich nun weiter entwickelt, mit Weisheit, und diese Höhepunkte haben aufgehört. Das Verständnis des Lebens, das wir ihnen nun gegeben haben, ist nun ohne unsere Unterbrechung und Verwirrung möglich, denn jetzt werden wir nicht länger davon angezogen. Es hat ein eigenes Leben. Das nennt man Loslösen.

In jedem Wechsel, den wir vornehmen, verändern wir unsere Lebenszeit. Wir bewegen uns in eine parallele Existenz, weil unser Quantenzustand sich verändert hat. Jede parallele Existenz wird eine Existenz der Materie sein, die in sich nicht mehr Ursache und Wirkung des ursprünglichen emotionalen Höhepunkts tragen wird. Mit anderen Worten, alles, das darin enthalten ist, wird nicht diesen Magnetismus, dieses Bedürfnis, haben. Es wird vollkommen anders sein. Die Existenz aus dieser Grundquelle von Quantengedanken wird in ihren Fluktuationen unermesslich verändert sein. Die Menschen, Orte, Dinge, Zeiten und Ereignisse in eurem Leben und die Partikel, die sie enthalten, werden nicht als das da sein, was einen Drehtür-Höhepunkt nährt. Sie werden verändert sein, weil das Bedürfnis nun Weisheit ist, und so wurde die magnetische Dynamik darin verändert. Nun beginnen wir, als weise Menschen zu gehen. Wir beginnen, in ein Leben zu gehen, dem wir sehr klar ansehen können, dass wir es durch unsere Veränderungen erschaffen haben. Je mehr wir diese Emotionen in Weisheit bestätigen, desto profunder werden die parallelen Lebenszeiten und in der Tat die Quantenzustände, die wechseln. Und es ist möglich, diese Wissenschaft in einer Lebenszeit zu verstehen.

Rückwärtsfeuern des Gehirns als Schlüssel

Wie oft haben wir selbstsüchtig den Höhepunkt in unserem Leben erschaffen und erlaubten dem, was wir erschaffen haben, nicht, sich selbst zu regenerieren oder für sich selbst zu denken oder von uns frei zu sein? Wie viele Male mussten wir es beherrschen und es in einem Käfig halten, damit wir dadurch weiter Höhepunkte erleben konnten? Wir müssen uns für viel verantworten. Jetzt haben wir einen Lichtschimmer, und es ist möglich, zu sehen, wie derartige Erleuchtung – derartig enormes Wissen, so erworben, so verankert – ein Neuronetz in unserem Gehirn ist. Wenn es Antworten auf Inseln von Einstellungen feuert, dann ist es das Wissen, das die Brücke erschaffen hat, indem die Inseln nicht länger selbst handeln, sondern zurückkommen in eine Masse von Erfahrung.

Es ist in einer Lebenszeit möglich, dass ein derart gewahrer Student von solch großen profundem Wissen sagen kann: „Ich verstehe die Schlüssel der Disziplin und bin fähig, anzufangen, diese Wechsel durchzuführen und sofort zu wissen, wie die Realität sich verändert hat, wie unterschiedlich die Interaktion von einem früheren Zustand jetzt zu dem neuen Zustand ist." Aber können wir die Kontrolle über den früheren Zustand aufgeben? Wir müssen es. Den früheren Zustand aufzugeben, geht einher mit dem Besitzen einer Weisheit, dem Besitzen einer Emotion, bedeutet ihn loszulassen, den Wert dessen, was er ist, zu sehen, und ihn niemals wieder zu wiederholen, niemals diesem Neuronetz zu erlauben, unabhängig als Quelle manifestierter Bestimmung zu feuern. Außerdem ist es hier, wo wir die Spreu vom Weizen trennen.

Diejenigen, denen dieses Wissen in einer derart profunden Darstellung von Wissenschaft gegeben wurde, die die Leidenschaft haben, wahrlich das Unbekannte zu erfahren, müssen nicht verschwinden oder sich in Dampf auflösen. Sie müssen das Wissen nur in eine eingeübte Disziplin einbringen, in der Denken in Routine einstudiert wird. Diese Routine ist dann der neue Zustand, der nun in sich eine Quantenfluktuation hatte. Jetzt haben wir das neue Leben, und erfahren Menschen, Orte, Dinge, Zeiten und Ereignisse ohne Bedürfnis, ohne Eroberung, ohne Höhepunkt. Wir sind auf dem Weg zur nächsten Emotion, die erlernt werden muss. Und dort, wenn wir sie so klar sehen können, wird es nur die Emotion in dieser neuen parallelen Lebenszeit sein, die das ist, was wir erarbeiten müssen, und es wird offensichtlich sein. Das wird der Knopf sein, der ständig gedrückt wird. Es wird der Knopf sein, von dem wir leben, aber die alten Gesetze, in der Tat die alten Emotionen verweilen nicht länger dort. Sie sind nun der nächste Zustand. Unser Wunsch, das zu erfahren, was wir nie erfahren haben, gibt uns den Anspruch des Wechsels in ein paralleles Leben.

Innewohnende Emotion ist nichts, was von einer neuen Erfahrung kommt. Unser Zustand fluktuiert mit etwas anderem, was wir uns noch nicht angeeignet haben. Wir werden es sehen, da der Zustand mit einer emotionalen Ureinstellung kommt, und wenn wir diese isolieren können und wissen, was sie ist, werden wir sie uns aneignen. Bewusstsein und Energie erschaffen die Natur der Realität. Wir werden unser Denken durch Routine disziplinieren, und alles, was wir denken, wird sich manifestieren in ein neues Paradigma und in der Tat, in einen neuen Lebenswechsel, und das, was offensichtlich war, wird überhaupt nicht mehr da sein. Jetzt beginnen wir, ein expansives, mobiles Leben zu sehen, in dem wir in tiefer Kontemplation verstanden haben, dass man Ressourcen des Außergewöhnlichen bekommen kann, aber um den Preis, unseren Emotionalkörper, in dem wir andere Menschen ausnutzen, um zu unserem Höhepunkt zu kommen, intakt zu halten. Wir werden in diesen wechselnden Lebenszeiten verstehen, ohne zu sterben, dass Ressourcen, die einst Masse zu Masse eingesetzt werden mussten, nun eine natürliche Umgebung sein können.

Wohin gehen wir von da aus? Nehme ich euch also auf eine fantastische Reise mit? Lasst mich euch sagen: Wissenschaftler wissen, dass in der Quantenwelt von allen potenzialen Zuständen, allen wahrscheinlichen Zuständen, das Einzige, das alle Zustände gleichzeitig verhindert, der Beobachter ist, der den gegenwärtigen Zustand beobachtet und misst. Das ist es, was ihr euer ganzes Leben lang getan habt. Was geschieht also jetzt? Was geschieht, wenn es keine Emotion gibt? Es gibt nur Glückseligkeit und wir haben einen völlig anderen quantenfixen Zustand. Wie dynamisch ist das?

Das neue Leben trägt keine Last, also gibt es im neuen Leben keine Schulden. Ein Gedanke kann in dieses Leben kommen und sofort erfahren werden. Dieses Leben hat sich dann einer Quantenfluktuation unterzogen. Woher kommt dann der neue Gedanke? Wenn wir das Quantenzustandsmuster der Seele erfüllt haben und wir alle Half-Spin-Dinge in einen vollständigen Zustand überführt und uns angeeignet haben, was geschieht dann? In *Dimensional Mind*[12] vor vielen Jahren habe ich euch gesagt, dass es einen Teil eures Gehirns gibt, in dem sich unter Einfluss von Pinolin – keine Droge, die ihr nehmen könnt – die Neuronen des Gehirns tatsächlich in das Quantenfeld entfalten können. Das geschieht in diesem tiefen Schlaf, wenn diese ganz winzigkleinen wässrigen Neuronen sich in das Quantenfeld entfalten. In welches Quantenfeld denkt ihr, entfalten sie sich: in Harrys, Janes oder eures? Es ist die Seele, die dies dem Gehirn sagt, um den Körper weiter aus dem Schlaf heraus neu zu konfigurieren. Diese Neuronen entfalten sich eigentlich im gleichen quantendynamischen Feld, und, weil sie es tun, wird das Muster dieses dynamischen Feldes beim Wachzustand das kausale Muster dafür, wie wir denken. Wir können nicht über das Konzept, an das diese Neuronen nun das gesamte Gehirn und den Denkprozess angepasst haben, hinaus denken oder neue Gedanken erschaffen. Also stellt ihr mir jetzt eine Frage: Warum brauche ich einen Meisterlehrer? „Sing mit mir. Ich bin auf dem Weg zu den Sternen“.

Jede Nacht, wenn das Gehirn den Körper repariert, löst sich dieser Teil des Gehirns direkt in den Quantenzustand hinein auf, und in diesem Quantenzustand werden die Neuronen programmiert. Wenn ihr also aufwacht, könnt ihr nicht anders, als zu denken und auf die Stimuli eures eigenen Lebens zu reagieren, weil euer eigenes Leben euer Quantenzustand ist, ein Drängen nach Kontemplation. Niemand kann wirklich ein Problem gelöst haben. Sie können in diesem Zustand herum bewegt werden – man kann in die Kirche gehen, man kann zur Beratung gehen – aber sie sind niemals wirklich verändert. Sie werden innerhalb des Quantenfeldes umher geschoben. Wenn wir zum Beispiel eine Quantenfluktuation haben, bestärken die Neuronen die Weise, wie das Gehirn seine eigene Realität wahrnimmt, übereinstimmend mit der Weise, wie seine Realität gemacht wurde. Dann verändert sich etwas. Die Veränderung ist, dass der Mind sich verändert hat, der Quantenzustand sich verändert hat und die Neuronen dann durch Rückwärtsfeuern geladen werden. Diese ganze Quantenfluktuation innerhalb dieser Neuronen feuert rückwärts ins Gehirn, genau wie der Quantenzustand weiterhin in das Gehirn zurückfeuert, um den Status Quo aufrecht zu erhalten, aber jetzt haben wir eine Veränderung.

Warum ist das wichtig? Weil ohne Rückwärtsfeuern die Kapazität des Gehirns, sich in der Quantenwelt zu entfalten, bedeutete, dass es keine Fluktuation und keine Veränderung gäbe. Der Mechanismus der Gedankenverarbeitung, der Bewusstseinsverarbeitung in energetisierte Gedanken der Wahrscheinlichkeit – genau das Gehirn selbst und seine Natur – muss verändert werden. Seine Natur ist durch diese Quantenfluktuation, die rückwärts feuert, verändert. Sie setzt einen völlig anderen Ton im Gehirn. Jetzt wird die neue Realität vom Blickpunkt des Gehirns korrekt wahrgenommen, genau wie es in der Vergangenheit in einem früheren Zustand gewesen ist. Wenn wir uns weiter ändern, feuert dieses Neuron diesen Wechsel rückwärts in die Fähigkeit des Gehirns, wahrnehmendes Bewusstsein seines neuen Lebens zu erfahren.

Es ist nicht nur enorm wichtig, dass wir uns selbst im Zusammenhang mit unserem Mind kennen, sondern indem wir uns selbst aus diesem Blickpunkt kennen, können wir das Königreich des Himmels und das Leben, das uns gegeben wurde, verstehen. Das bedeutet, wenn uns Leben gegeben wurde, werden wir auch sterben und ein vergänglicher Traum sein. Die einzige Weise, wie wir nicht vergänglich sein werden, ist fähig zu sein, so vollkommen den Mechanismus zu verstehen, der die Realität formuliert, und in dem Ausmaß, dass die Welt loslösbar wird und ihr in eurem Emotionalkörper unerschütterlich seid. Dann ist es euer größter Höhepunkt, dass ihr eine globale, humanistische, bewusste, gedankenvolle Gottbeziehung dazu habt, warum wir hier sind, wer wir im Dasein sind, und was von uns erwartet wird.

Wenn wir das wissen, dann wird die Welt, wie wir sie sehen und wie wir sie in anderen sehen, kein Test unserer Moral sein. Wir müssen nicht da sitzen und unsere Versuchung aus unseren Gedanken ausblenden. Das wird niemals nötig sein. Wir werden niemals fähig sein, gekauft zu werden. Wir werden niemals in einer Position sein, in der wir Menschen erlauben, uns zu überzeugen, dass sie uns lieben. Wir werden niemals in einer Position als Ware sein. Wir werden niemals je in einer dieser Positionen sein. Also wird die Welt von Menschen, Orten, Dingen, Zeiten und Ereignissen – schönen Männern, schönen Frauen, hässlichen Frauen, hässlichen Männern, Farben, Formen, Kulturen, Dynamik – nichts davon wird länger als eine Präferenz zum Höhepunkt gesehen. Alles wird in einem großen Verständnis besessen, und dieses Verständnis erlaubt uns, uns Gott zu nähern.

Wie erschafft Gott etwas aus dem Nichts? Können wir das in einer Lebenszeit tun? Haben wir die Fähigkeit und die Eigenschaften, um weiter das Leben zu wechseln, dass wir, je mehr wir wechseln, umso jünger werden, oder überhaupt zu altern aufhören? Können diese Wechsel so lange wie zweihundert Jahre andauern? Wenn ihr für einen New-York-Moment sagt, das sei der Traum einer Berühmtheit, bitte ich euch, mich von euch zu unterscheiden. Es ist eine grundlegende Eigenschaft der immensen Erfahrungen und Möglichkeiten, die jeder menschliche Geist und in der Tat jedes menschliche Leben genießen kann. Wir nennen das, in dürftigsten Begriffen, das Königreich des Himmels.

Unsere Unfähigkeit, unser Leben zu verändern, besteht, weil wir denken, dass wir es Masse zu Masse verändern müssen. Wenn wir das tun, werden wir in der Tat einen Wechsel erfahren. Wir müssen unsere Abhängigkeiten betrachten, wie ein großer Krieger sein und anfangen, sie zu zusammenzutragen, eine nach der anderen, nicht an einem hoffnungsvollen Ort, sondern in der Tat in der gleichen Weise, wie die Kreation selbst in das Sein gebracht wurde: Gott, die Formulierung des Bildes, die Einstellung und dann dieses Bild werden, sich lostrennen und sich selbst von den Emotionen loslösen. Dann seid ihr frei.

Die Fähigkeit des Gehirns, die quantenstatischen Zustände des unendlichen Potenzials rückwärts zu feuern, kann hier genutzt werden. Der Schlüssel ist der Wunsch, nach dem Abenteuer des Wissens zu streben. Die Liste[13] wird jetzt entweder eine lästige Schuld oder wird zu einem Werkzeug, mit dem man seine Gedanken diszipliniert, und indem wir das tun, erschaffen wir diese Wechsel, diese Paradigmenwechsel, diese parallelen Lebenszeiten. Ist es möglich, dass wir nie sterben könnten und genau dieser Tag das Alter festhält, das wir genau jetzt haben? Ist es möglich, Quantenrealitäten in einer derartigen Weise zu wechseln, dass in unserem fortgesetzten Entfalten in dieser ultimativen Dynamik, welche das Jetzt genannt wird – keine Vergangenheit, keine Gegenwart, keine Zukunft und dennoch Vergangenheit, Gegenwart und Zukunft in einem – wir niemals sterben werden? Wir sterben niemals. Und das ist dann das Manna der Meister des Fernen Ostens, und das ist das Wissen, das sie kennen.

Was also werdet ihr tun? Werdet ihr weiterhin von eurem Bedürfnis nach Höhepunkt angespornt sein? Werdet ihr es zum Stillstand bringen? Werdet ihr die Aktivitäten eures Lebens anhalten und in eurem Mind diese verführerischste, analoge Erfahrung der Emotion annehmen, sie analog erschaffen, sie in das Feuer werfen, euch davon zurückziehen und frei sein, oder werdet ihr einfach sterben, weil ihr es im Quantenzustand bereits getan habt? Wenn ich an eurer Stelle wäre – und das bin ich natürlich nicht – würde ich weiterhin diese winzig kleine Welt studieren, und ich würde sie in Übereinstimmung mit meinen ungeheuerlichen, verführerischen Bedürfnissen, über die ich jammere und mich beschwere, durch die ich zum Opfer werde, untersuchen, und schließlich, zum ersten Mal, es zugeben. Es gibt keine Opfer und keine Geiseln. Es gibt nur Wahrheit. Wenn ihr wirklich weise wärt, würdet ihr das tun, denn Kontemplation ist auch ein Schlüssel in der Quantenbeobachtung. Wenn wir kontemplieren, was wir sind, feuern wir rückwärts aus unserem Quantenzustand, Quantenfluktuationen, die nur durch Kontemplation Veränderung, Leichtigkeit und Helligkeit in unser Sein bringen. Und wenn ihr nichts von dieser prächtigen Lehre anwendet, dann verdient ihr es, in einem gefrorenen Zustand zu leben, in dem ihr nur euer Leben konsumiert, bis es vorüber ist.

Älter und weiser zu sein.
Vom Brunnen der Weisheit getrunken
Und den Durst gelöscht zu haben.
Auf das Leben.
So sei es.

Ramtha

Epilog von JZ Knight: Wie alles begann

„Mit anderen Worten, sein gesamtes Bestreben war darauf gerichtet, hierher zu kommen und euch zu lehren, außergewöhnlich zu sein.“

Mein Name ist JZ Knight und ich bin die rechtmäßige Besitzerin dieses Körpers. Ramtha und ich sind zwei verschiedene Personen, zwei verschiedene Wesen. Wir haben einen gemeinsamen Realitätspunkt und das ist gewöhnlich mein Körper. Obwohl wir sozusagen gleich aussehen, sehen wir nicht wirklich gleich aus.

Mein ganzes Leben hindurch, schon als ich noch klein war, habe ich Stimmen in meinem Kopf gehört und wundervolle Dinge gesehen, die in meinem Leben für mich normal waren. Ich hatte das Glück, eine Mutter zu haben, die ein sehr hellsichtiger Mensch war und niemals das, was ich sah, verurteilte. Mein ganzes Leben hindurch hatte ich wundervolle Erfahrungen. Die wichtigste Erfahrung war jedoch diese tiefe und umfassende Liebe für Gott, und es gab einen Teil in mir, der verstand, was das bedeutete. Später in meinem Leben ging ich in die Kirche und versuchte, Gott aus der Sicht der religiösen Doktrin zu verstehen, was mir große Schwierigkeiten bereitete, weil es mit dem, was ich fühlte und wusste, in Konflikt stand.

Ramtha war immer Teil meines Lebens gewesen, schon seit ich geboren war, aber ich wusste nicht, wer und was er war, ich wusste nur, dass da eine wundervolle Kraft in mir war, die mit mir einherging und wenn ich in Schwierigkeiten war – ich erlebte viel Schmerz in meinem Leben, während ich heranwuchs – hatte ich doch immer außergewöhnliche Erfahrungen mit diesem Wesen, das mit mir redete. Ich konnte ihn so deutlich hören, wie ich Sie in einem gemeinsamen Gespräch hören könnte. Er half mir, vieles in meinem Leben zu verstehen und das ging weit über das hinaus, was man normalerweise als Rat von jemandem erhält.

Es dauerte bis 1977, bis er an einem Sonntagnachmittag in meiner Küche erschien, wo ich gerade zusammen mit meinem Mann Pyramiden bastelte. Wir dörrten Essen, weil wir gerne mit dem Rucksack loszogen und wanderten. Als ich eines dieser albernen Dinge auf meinen Kopf setzte, tauchte am anderen Ende meiner Küche diese wundervolle Erscheinung auf, über zwei Meter groß, schimmernd, schön und rein. Niemand ist darauf vorbereitet, um 14.30 Uhr so eine Erscheinung in seiner Küche zu sehen. Niemand ist auf so etwas vorbereitet. Und so gab Ramtha sich mir damals zu erkennen. Das Erste, was ich zu ihm sagte – und ich weiß nicht, woher das kam – war: „Du bist so schön. Wer bist du?" Sein Lächeln ist wie die Sonne. Er ist ausgesprochen gut aussehend. Er sagte: „Mein Name ist Ramtha der Erleuchtete und ich bin gekommen, um dir über den Graben zu helfen." Da ich ein einfacher Mensch bin, war meine erste Reaktion auf den Boden zu schauen, denn ich dachte, dass vielleicht etwas mit dem Boden passiert oder eine Bombe abgeworfen worden war. Ich hatte ja keine Ahnung. Von diesem Tag an wurde er zu einer Konstante in meinem Leben. Im Lauf des Jahres 1977 geschahen, gelinde gesagt, viele interessante Dinge. Meine beiden kleinen Kinder lernten Ramtha kennen und erlebten einige unglaubliche Phänomene, genauso wie mein Mann.

Später in diesem Jahr, nachdem er mich gelehrt und dabei einige Schwierigkeiten gehabt hatte, mir verständlich zu machen, was er ist, sagte er eines Tages zu mir: „Ich werde dir einen Boten senden, der dir eine Reihe von Büchern bringen wird. Lies sie, weil du dann wissen wirst, was ich bin." Diese Bücher hießen „Leben und Lehren der Meister im fernen Osten" (Drei Eichen Verlag). Ich las sie und begann zu verstehen, dass Ramtha in gewisser Weise eines dieser Wesen war. Und damit kam ich aus der „bist-du-der-Teufel-oder-bist-du-Gott-Kategorie“ heraus, die mich damals plagte. Als ich ihn schließlich verstand, verbrachte er lange, lange Augenblicke mit mir, kam mit seinen mehr als zwei Metern seines schönen Wesens in mein Wohnzimmer spaziert und machte es sich auf meinem Sofa bequem,. Er setzte sich hin und sprach mit mir und lehrte mich. Zu dieser Zeit erkannte ich nicht, dass er bereits alles wusste, was ich ihn fragen würde. Er wusste bereits, wie er mir antworten würde, aber ich wusste nicht, dass er es wusste.

Seit 1977 ging er geduldig in einer Weise mit mir um, dass er all meine Fragen zuließ, nicht über seine Echtheit, sondern Fragen über mich selbst als Gott. Er lehrte mich und fing mich auf, wenn ich mich in Dogma oder Begrenzungen verstrickte, fing mich gerade rechtzeitig auf, lehrte mich und geleitete mich hindurch. Und ich sagte immer: „Weißt du, du bist so geduldig. Ich finde es wundervoll, dass du so geduldig bist“. Und er lächelte nur und meinte, dass er 35.000 Jahre alt sei, und was sonst könne man in einer derart langen Zeit tun? Erst vor ungefähr zehn Jahren wurde mir klar, dass er schon wusste, was ich ihn fragen würde und dass er darum so geduldig war. Als der grandiose Lehrer, der er ist, gab er mir die Gelegenheit, meine Themen in mir selbst anzugehen. Er hatte den Anstand, mit mir in einer Weise zu sprechen, die nicht überheblich war. Als wahrer Lehrer erlaubte er mir, selbst zu meinen Erkenntnissen zu gelangen.

Ramtha seit Ende 1979 zu channeln ist ein Erlebnis. Ram ist über zwei Meter groß und trägt zwei Gewänder, in denen ich ihn bisher immer gesehen habe. Obwohl es immer dieselben sind, sind sie doch so schön, dass man ihres Anblicks nie überdrüssig wird. Das innere Gewand ist schneeweiß und reicht bis ganz zum Boden hinunter, dorthin, wo ich annehme, dass sich seine Füße befinden. Darüber trägt er ein Gewand von wunderschönem Violett. Sie müssen verstehen, dass ich mir das Material dieser Gewänder wirklich angeschaut habe und es nicht wirklich materiell ist. Es ist eine Art Licht. Und obwohl dieses Licht in gewisser Weise transparent ist, versteht man doch, dass seine Kleidung auch real ist.

Ramthas Gesicht ist zimtfarben, so kann ich es am besten beschreiben. Seine Haut ist weder wirklich braun noch wirklich weiß noch wirklich rot, sondern eine Art Mischung aus allen dreien. Er hat ausgesprochen tiefschwarze Augen, die in einen hineinsehen können und man weiß, dass sie tief in einen hineinblicken. Er hat hohe Augenbrauen, die wie die Flügel eines Vogels aussehen. Er hat einen sehr eckigen Kiefer und einen schönen Mund, und wenn er lächelt, weiß man, dass man im Himmel ist. Er hat sehr lange Hände und lange Finger, mit denen er äußerst elegant seine Gedanken untermalt.

Nun stellen Sie sich vor, wie schwierig es für mich war - nachdem er mir beigebracht hatte, meinen Körper zu verlassen, indem er mich tatsächlich heraus zog, mich in einen Tunnel warf, wo ich auf die Lichtwand traf und zurückprallte, um dann festzustellen, dass meine Kinder schon wieder aus der Schule zurück waren und ich gerade mal das Frühstücksgeschirr gespült hatte – mich an die Zeitlücken auf dieser Ebene zu gewöhnen. Ich verstand nicht, was ich tat und wohin ich ging, also hatten wir viele Übungsstunden. Sie müssen verstehen, dass er das mit mir um zehn Uhr morgens machte, und wenn ich von der weißen Wand zurückkam, war es 16.30 Uhr. Ich hatte ein echtes Problem damit, mich auf die fehlende Zeit einzustellen. So verbrachten wir viel Zeit damit, dass Ramtha mir beibrachte, wie man dabei vorgeht und es machte Spaß, war ausgelassen und manchmal absolut Furcht einflößend. Sie können sich vorstellen, wie es ist, wenn er auf einen zuging, einen regelrecht aus seinem Körper herauszerrte, mit den Worten: „Nun, wie ist die Aussicht von dort?“, an die Decke warf und dann in einen Tunnel schleuderte – vielleicht lässt sich dieser am besten als Schwarzes Loch zur nächsten Ebene beschreiben – durch diesen Tunnel hindurch zu schießen, auf eine Wand aufzutreffen und Amnesie zu haben.

Er bereitete mich darauf vor, mir etwas beizubringen, wozu ich mich schon vor dieser Inkarnation bereit erklärt hatte. Meine Bestimmung in diesem Leben war nicht einfach nur zu heiraten, Kinder zu haben und es im Leben zu etwas zu bringen, sondern Widrigkeiten zu überwinden, um das zuvor Geplante geschehen zu lassen. Und dieses Geschehen schloss außerordentliches Bewusstsein mit ein, das er ist. Meine Versuche, meinen Körper für Ramtha zu kleiden, waren ein Witz. Ich wusste nicht, was ich tun sollte. Bei der allerersten Channeling-Sitzung trug ich hohe Absätze und einen Rock. Ich dachte, ich würde in die Kirche gehen. Sie können sich also vorstellen, falls Sie etwas Zeit haben, sich näher mit ihm zu befassen, wie er geschniegelt in einem Geschäftskostüm und hohen Absätzen aussehen würde, die er in seinem Leben niemals getragen hatte. Es ist wirklich schwierig, mit Menschen zu sprechen und ihnen verständlich zu machen, dass ich nicht er bin, dass wir zwei verschiedene Wesen sind und dass Sie, wenn Sie mich in diesem Körper ansprechen, mit mir und nicht mit ihm sprechen. Manchmal war das in den letzten Jahren oder so in der Öffentlichkeit eine große Herausforderung für mich, weil die Menschen nicht verstehen, wie es möglich sein kann, dass ein menschliches Wesen mit göttlichem Mind ausgestattet und doch davon getrennt sein kann.

Ich wollte Sie wissen lassen, dass Sie zwar Ramtha hier draußen in meinem Körper sehen und es sich um meinen Körper handelt, er aber völlig anders aussieht. Seine Erscheinung in diesem Körper mindert nicht die Größe dessen, wer und was er ist. Sie sollten auch wissen, dass, wenn wir reden, wenn Sie anfangen, mir Fragen zu stellen über Dinge, die er gesagt hat, ich vielleicht keine Ahnung habe, wovon Sie sprechen, weil ich, wenn ich meinen Körper verlasse, in eine ganz andere Zeit und an einen anderen Ort gehe, an die ich keine bewusste Erinnerung habe.

Und ganz gleich, wie viel Zeit er mit Ihnen verbringt, wird das für mich vielleicht fünf oder drei Minuten dauern. Und wenn ich in meinen Körper zurückkehre, ist diese ganze Zeit dieses ganzen Tages vergangen und ich war nicht daran beteiligt. Ich habe nicht gehört, was er zu Ihnen gesagt hat und ich weiß nicht, was er hier draußen getan hat. Wenn ich zurückkehre, ist mein Körper erschöpft. Manchmal habe ich Schwierigkeiten die Treppe hochzukommen, um mich umzuziehen und mich zurechtzumachen für das, was der Tag mir bringen wird oder was vom Tage übrig ist.

Er hat mir eine Menge wundervoller Dinge gezeigt, wovon ich annehme, dass Menschen, die sie nie zu sehen bekamen, sie sich nicht einmal in ihren wildesten Träumen vorstellen können. Ich habe das 23. Universum gesehen, ich habe außerordentliche Wesen getroffen und ich habe Leben beginnen und enden sehen. Ich habe in wenigen Augenblicken gesehen, wie Generationen geboren wurden, lebten und starben. Ich wurde mit historischen Ereignissen vertraut gemacht, was mir dabei half, besser zu verstehen, was ich wissen musste. Mir wurde erlaubt, neben meinem jeweiligen Körper in anderen Leben herzugehen, damit ich beobachten konnte, wer und was ich damals war. Ich durfte mir die andere Seite des Todes ansehen. Dies sind von mir hoch geschätzte Gelegenheiten und Privilegien, die zu genießen ich mir irgendwann in meinem Leben verdient habe. Anderen Menschen davon zu erzählen ist auf gewisse Weise ernüchternd, weil es schwierig ist, diese Erfahrungen Menschen nahe zu bringen, die nie an diesen Orten waren. Als Erzählerin versuche ich mein Bestes, es ihnen zu vermitteln und doch will es mir nicht ganz gelingen.

Ich weiß auch, dass Ramtha aus diesem Grund auf diese ihm eigene Weise mit seinen Studenten arbeitet, weil er niemanden überschatten will. Mit anderen Worten, sein ganzes Bestreben konzentriert sich darauf, hierher zu kommen und Ihnen beizubringen, außergewöhnlich zu sein. Er ist es schon. Und es geht nicht darum, dass er Phänomene hervorbringt. Wenn er Ihnen sagt, dass er Ihnen Boten schicken wird, werden Sie diese auch bekommen, und zwar in heftigem Ausmaß. Es geht nicht darum, dass er Ihnen Tricks vorführt. Das entspricht nicht seinem Wesen. Solcherart sind die Hilfsmittel eines Avatars, der immer noch ein Guru ist und Anbetung braucht, und das ist bei Ramtha nicht der Fall.

Also wird Folgendes geschehen: Er wird Sie lehren, Sie fördern und es Ihnen ermöglichen, die Phänomene selbst zu erschaffen, und Sie werden es auch tun können. Und eines Tages, wenn Sie auf ein Stichwort hin manifestieren, Ihren Körper verlassen und lieben können, wenn es nach menschlichem Interesse eigentlich unmöglich wäre, das zu tun, wird er schnurstracks in Ihr Leben marschieren, weil Sie bereit sind, an dem teilzuhaben, was er ist. Er ist einfach das, was Sie auch einmal sein werden. Bis dahin ist er gewissenhaft, geduldig, allwissend mit einem übergreifenden Verständnis für alles, was wir wissen müssen, um zu lernen, das zu sein.

Und eines kann ich sagen, wenn Sie das, was Sie in seiner Präsentation gehört haben, interessiert und Sie anfangen, ihn lieb zu gewinnen, obwohl Sie ihn nicht sehen können, dann ist das ein gutes Zeichen, weil es bedeutet, dass das Wichtige in Ihnen Ihre Seele ist, die Sie dazu drängt, sich in diesem Leben zu entfalten. Und das mag zu einer Konfrontation mit Ihrem Neuronennetz führen. Ihre Persönlichkeit kann mit Ihnen diskutieren und debattieren, aber diese Art von Logik ist wirklich leicht zu durchschauen, wenn Ihre Seele Sie zu einer Erfahrung drängt.

Wenn Sie diesen Weg gehen wollen, werden Sie sich in Geduld und Fokus üben und das Werk tun müssen. Anfangs ist das Werk sehr schwierig, aber wenn Sie beharrlich genug sind und dabeibleiben, dann kann ich Ihnen sagen, dass dieser Lehrer eines Tages Ihr Inneres nach außen kehren wird. Eines Tages werden Sie in der Lage sein, all diese bemerkenswerten Dinge so zu vollbringen, wie die Meister, von denen Sie in Mythen und Legenden gehört haben. Sie werden dazu in der Lage sein, weil das die Reise ist. Und schließlich ist diese Fähigkeit die Realität, die einzig einem erwachenden Gott in menschlicher Form offen steht.

Nun, das ist meine Reise und mein ganzes Leben lang war es meine Reise. Wenn sie nicht wichtig gewesen und nicht das wäre, was sie ist – ich würde ganz sicher nicht den größten Teil meines Jahres in Vergessenheit verbringen, nur damit ein paar Menschen kommen und eine New Age-Erfahrung machen können. Es geht hier um etwas, das weit über eine New Age-Erfahrung hinausgeht. Ich sollte auch sagen, dass es viel wichtiger ist, als Meditations- oder Yoga-Fähigkeiten zu besitzen. Es geht um eine Bewusstseinsveränderung, die unser ganzes Leben an jedem Punkt durchzieht, und darum, uns geistig freizumachen und unbegrenzt zu werden, damit wir alles können, dessen wir fähig sind.

Noch etwas anderes, was ich gelernt habe, möchte ich Sie wissen lassen, nämlich dass wir nur dann etwas veranschaulichen können, wenn wir die Fähigkeit dazu besitzen. Man könnte sich fragen: „Nun gut, warum kann ich es nicht, was blockiert mich?“. Unsere einzige Blockade ist unsere mangelnde Fähigkeit, uns hinzugeben, etwas zuzulassen und uns gegenüber unserem Neuronennetz des

Zweifels zu behaupten. Wenn man selbst im Angesicht des Zweifels standhalten kann, wird man den Durchbruch schaffen, weil das die einzige Blockade ist, die uns im Weg steht. Und eines Tages werden Sie all diese Dinge tun und all die Dinge sehen können, die ich gesehen habe und sehen durfte. Also, ich wollte nur hier herauskommen und Ihnen zeigen, dass ich existiere und liebe, was ich tue. Und ich hoffe, dass Sie von diesem Lehrer lernen, und wichtiger noch, dass Sie damit fortfahren werden.

JZ Knight

RAMTHAS GLOSSAR

Affenverstand (*monkey-mind*): Affenverstand bezieht sich auf den flatterhaften Verstand der Persönlichkeit.

Analog: Analog zu sein heißt, im Jetzt zu leben. Dies ist der schöpferische Moment, der sich außerhalb von Zeit, Vergangenheit und Emotionen befindet.

Analoger Mind: Analoger Mind bedeutet **ein** Mind. Er ist das Ergebnis der Ausrichtung von primärem und sekundärem Bewusstsein, dem Beobachter und der Persönlichkeit. Das vierte, fünfte, sechste und siebte Siegel des Körpers sind in diesem Geisteszustand offen. Die Bänder drehen sich in entgegen gesetzter Richtung, wie ein Rad im Rad und erzeugen einen kraftvollen Wirbel, wodurch es den Gedanken, die im Stirnlappen festgehalten werden, möglich wird, sich zu verdichten und zu manifestieren.

Bänder, die: Die Bänder bestehen aus zwei Sets mit je sieben Frequenzen, die den menschlichen Körper umgeben und ihn zusammenzuhalten. Jede der sieben Frequenzschichten der beiden Bänder entspricht im menschlichen Körper einem der sieben Siegel, der sieben Ebenen des Bewusstseins. Die Bänder sind das Aurafeld, das binären und analogen Mind möglich macht.

Beobachter: Bezieht sich auf den Beobachter der Quantenmechanik, der für den Kollaps von Welle/Partikel verantwortlich ist. Er stellt das wahre Selbst, den Geist, das primäre Bewusstsein dar, d.h. den Gott im Menschen.

Bewusstsein: Bewusstsein ist das Kind, das geboren wurde, als die Leere (*the Void*) sich selbst betrachtete. Es ist die Essenz und der Stoff, aus dem alles Sein besteht. Alles Existierende hat seinen Ursprung im Bewusstsein und wurde durch dessen Dienerin, die Energie, nach außen manifestiert. „Bewusstseinsstrom" bezieht sich auf das Kontinuum von Gottes Mind.

Bewusstsein und Energie: Sie sind die dynamischen Schöpferkräfte und unauflöslich miteinander verbunden. Alles Existierende entsprang dem Bewusstsein und manifestierte sich durch die Modulation seiner energetischen Wirkung in der Materie.

Binärer Mind: Dieser Ausdruck meint „zwei Minds". Binärer Mind wird durch Zugriff auf das Wissen der Persönlichkeit und des menschlichen Körpers ohne die Einbeziehung des tiefen unterbewussten Minds erzeugt. Binärer Mind verlässt sich ausschließlich auf das Wissen, die Wahrnehmung und die Gedankenprozesse des Neokortex und der ersten drei Siegel. Das vierte, fünfte, sechste und siebte Siegel bleiben in diesem Geisteszustand geschlossen.

Blue Body® – Blauer Körper: Der Körper, der zur vierten Existenzebene, dem Brückenbewusstsein und dem ultravioletten Frequenzband gehört. Der Blue Body® ist Herr über den Lichtkörper und die physische Ebene.

Blue Body® Dance – Tanz des blauen Körpers: Eine Disziplin, die Ramtha lehrt. Der Schüler hebt sein bewusstes Gewahrsein auf das Bewusstsein der vierten Ebene an. Mit dieser Disziplin kann man Zugang zum Blue Body® gewinnen und das vierte Siegel öffnen.

Blue Body® Healing – Heilung mit dem blauen Körper: Eine Disziplin, die Ramtha lehrt. Der Schüler hebt sein bewusstes Gewahrsein auf das Bewusstsein der vierten Ebene und des Blue Body® an, um den physischen Körper zu heilen oder zu verändern.

Blaue Netze: Die blauen Netze stellen die Grundstruktur des physischen Körpers auf einer subtilen Ebene dar. Diese unsichtbare Skelettstruktur der physischen Realität schwingt im ultravioletten Frequenzbereich.

Bote: Zu Ramthas Lebzeiten hatten Boten die Aufgabe, bestimmte Nachrichten oder Informationen zu überbringen. Ein Meisterlehrer hat die Fähigkeit, anderen Leuten Boten zu senden, die seine Worte oder seine Absicht in Form einer Erfahrung oder eines Ereignisses Wirklichkeit werden lassen.

Buch des Lebens: Ramtha bezeichnet die Seele als das Buch des Lebens, in dem die gesamte Reise der Involution und Evolution des Einzelnen in Form von Weisheit aufgezeichnet ist.

C&E® = R: Consciousness and Energy = Reality, Bewusstsein und Energie erschaffen die Natur der Realität.

C&E®: Abkürzung für Consciousness & Energy^{SM}, (Bewusstsein & Energie) Markenzeichen der grundlegenden Disziplin in Ramthas Schule der Erleuchtung, die zum Manifestieren und zur Anhebung des Bewusstseins dient. Mit Hilfe dieser Disziplin lernt der Schüler, einen analogen Geisteszustand herbeizuführen, seine höheren Siegel zu öffnen und aus der Leere (*the Void*) Wirklichkeit zu erschaffen. Das Einführungsseminar für Anfänger wird „C&Eâ-Workshop für Anfänger" genannt. In diesen Workshops lernen die Schüler die grundlegenden Konzepte und Disziplinen von Ramthas Lehren kennen. Die Lehrinhalte eines C&Eâ-Workshops für Anfänger sind zu finden in *Ramtha: Das Erschaffen von Realität*, *Ein Leitfaden für Anfänger* (Horamus Publishing, Inc. 1997); oder im englischen Original: *Ramtha: A Beginner's*

Guide to Creating Reality, Third Edition (Yelm: JZK Publishing, a division of JZK, Inc., 2004)

Christ walk – Christus-Gang: Der Christus-Gang ist eine von Ramtha entworfene Disziplin, in der der Schüler sehr langsam und absolut bewusst gehen lernt. Die Schüler lernen in dieser Disziplin, mit jedem Schritt den Mind eines Christus zu manifestieren.

Create Your DaySM **– den Tag erschaffen.** Dies ist die Dienstleistungsmarke einer von Ramtha entwickelten Technik, mit der Bewusstsein und Energie nach oben bewegt werden und am Morgen, vor Beginn des Tages, absichtsvoll ein konstruktiver Plan für die Erfahrungen der Ereignisse des Tages angelegt wird. Diese Technik wird ausschließlich an Ramthas Schule der Erleuchtung gelehrt.

Disziplinen des Großen Werks: Ramthas Schule der Alten Weisheit ist dem Großen Werk gewidmet. Alle Disziplinen des Großen Werks in Ramthas Schule der Erleuchtung wurden ausschließlich von Ramtha entworfen. Diese Übungen sind wirkungsvolle Einweihungen, durch die der Schüler die Gelegenheit erhält, die Lehren Ramthas aus erster Hand anzuwenden und zu erfahren.

Dritte Ebene: Dies ist die Ebene des bewussten Gewahrseins und des sichtbaren Lichtspektrums. Sie ist auch als Lichtebene oder mentale Ebene bekannt. Wenn die Energie der Blauen Ebene auf diesen Frequenzbereich herabgesenkt wird, spaltet sie sich in positive und negative Polarität. An diesem Punkt teilt sich die Seele in zwei Hälften; so entsteht das Phänomen der Seelengefährten.

Drittes Siegel: Dieses Siegel ist das Energiezentrum des bewussten Gewahrseins und des sichtbaren Lichtspektrums. Es steht in Verbindung mit Kontrolle, Tyrannei, Opfersein und Macht. Es befindet sich im Bereich des Solarplexus.

Ebene der Glückseligkeit: Die Ebene des Ausruhens, auf der die Seelen die Gelegenheit haben, nach ihrer Lebensrückschau ihre nächste Inkarnation zu planen. Sie ist auch als Himmel und Paradies bekannt, wo es weder Leid, noch Schmerz, Not oder Mangel gibt und wo sich jeder Wunsch sofort manifestiert.

Ebene der Veranschaulichung: Die physische Ebene wird auch die Ebene der Veranschaulichung genannt. Auf dieser Ebene hat der Mensch Gelegenheit, sein schöpferisches Potenzial in der Materie zu demonstrieren und Bewusstsein in materieller Form zu erleben, und somit sein emotionales Verstehen zu erweitern.

Emotionalkörper: Der Emotionalkörper ist die Ansammlung vergangener Emotionen, Einstellungen und elektrochemischer Muster, die die menschliche Persönlichkeit des Einzelnen definieren. Ramtha bezeichnet ihn als die Versuchung der Unerleuchteten. Aufgrund unseres Emotionalkörpers reinkarnieren wir uns immer wieder.

Emotionen: Eine Emotion ist der physisch-biochemische Effekt einer Erfahrung. Emotionen gehören der Vergangenheit an, denn sie sind der Ausdruck von Erfahrungen, die bereits bekannt und in den neurosynaptischen Signalwegen des Gehirns festgelegt sind.

Energie: Energie ist das Gegenstück zu Bewusstsein. Alles Bewusstsein bringt eine dynamische Energiewirkung, Ausstrahlung oder einen natürlichen Ausdruck seiner selbst mit sich. Genauso wie alle Formen von Energie ein Bewusstsein mit sich bringen, das sie definiert.

Erleuchtung: Erleuchtung ist die volle Verwirklichung des Menschen, die Erlangung von Unsterblichkeit und unbegrenztem Mind. Sie ist erreicht, wenn die Kundalini-Energie, die an der Basis der Wirbelsäule sitzt, nach oben zum siebten Siegel steigt, das seinerseits die brachliegenden Teile des Gehirns öffnet. Wenn die Energie in das Mittelhirn und das Kleinhirn vordringt und der unterbewusste Mind geöffnet wird, erlebt der Mensch einen blendenden Lichtblitz, den man Erleuchtung nennt.

Erste Ebene: Bezieht sich auf die materielle oder physische Ebene. Sie ist die Ebene des Image-Bewusstseins und der Hertzfrequenz. Sie ist die niedrigste und dichteste Form von verfestigtem Bewusstsein und Energie.

Erste drei Siegel: Die ersten drei Siegel sind die Siegel von Sexualität, Überleben, Schmerz und Leiden, Opfersein und Tyrannei. Diese Siegel kommen im Allgemeinen in allen Verwicklungen des menschlichen Dramas zum Tragen.

Erstes Siegel: Das erste Siegel steht mit den Fortpflanzungsorganen, Sexualität und dem Überlebenstrieb in Verbindung.

Evolution: Evolution ist die Reise zurück nach Hause, von den niedrigsten Frequenzebenen und der Materie zu den höchsten Frequenzebenen und zum Punkt Null.

Fieldwork℠(Feldarbeit): Feldarbeit ist eine der grundlegenden Disziplinen, die in Ramthas Schule der Erleuchtung gelehrt werden. Die Schüler denken sich ein Symbol aus für etwas, das sie bekannt machen oder erfahren wollen und malen es auf eine Karte. Diese Karten werden mit der unbeschriebenen Seite nach außen an die Querlatten eines Zaunes, der ein großes Feld umgibt, gehängt. Die Schüler setzen sich Augenbinden auf und fokussieren auf ihr Symbol, während sie ihren Körper frei im Feld umher gehen lassen. Durch die Anwendung des Gesetzes von Bewusstsein und Energie und des analogen Minds gehen sie direkt zu ihrer Karte.

Fünfte Ebene: Die fünfte Existenzebene ist die Ebene des Superbewusstseins und der Röntgenfrequenz. Sie ist auch als Goldene Ebene oder Paradies bekannt.

Fünftes Siegel: Das fünfte Siegel ist das Zentrum unseres spirituellen Körpers, das uns mit der fünften Ebene verbindet. Dieses Siegel steht mit der Schilddrüse in Verbindung und steht für das Aussprechen und Leben der Wahrheit ohne Dualismus.

Gedanke: Gedanke ist etwas anderes als Bewusstsein. Das Gehirn verarbeitet einen Bewusstseinsstrom, indem es ihn in Abschnitte zerlegt — holografische Bilder von neurologischen, elektrischen und chemischen Abdrücken, die man Gedanken nennt. Gedanken sind die Bausteine des Minds.

Gelbes Gehirn: Gelbes Gehirn ist Ramthas Name für den Neokortex, den Sitz des analytischen und emotionalen Denkens. Es wird aus dem Grund gelbes Gehirn genannt, weil die beiden Hälften des Neokortex in der ursprünglichen zweidimensionalen, karikaturartigen Zeichnung, die Ramtha für seinen Unterricht über die Funktion des Gehirns verwendete, gelb ausgemalt war. Er erklärte dazu, dass die verschiedenen Aspekte des Gehirns in diesem bestimmten Bild übertrieben und farbig hervorgehoben wurden, um das Studium und das Verstehen zu erleichtern. Diese spezielle Zeichnung wurde als Anschauungsmaterial in allen folgenden Unterrichtsstunden über das Gehirn verwendet.

Gesellschaftliches Bewusstsein: Das Bewusstsein der zweiten Ebene und des infraroten Frequenzbandes. Es wird auch das Image der menschlichen Persönlichkeit und der Mind der ersten drei Siegel genannt. Das Gesellschaftsbewusstsein bezieht sich auf das kollektive Bewusstsein der menschlichen Gesellschaft. Es ist die Ansammlung von Gedanken, Vermutungen, Urteilen, Vorurteilen, Gesetzen, Moralvorstellungen, Werten, Einstellungen, Idealen und Emotionen der Bruderschaft der menschlichen Rasse.

Goldener Körper: Der Körper, der zur fünften Ebene, zum Superbewusstsein und der Röntgenfrequenz gehört.

Götter: Technologisch weit fortgeschrittene Wesen von anderen Sternensystemen, die vor 455 000 Jahren auf die Erde kamen. Diese Götter veränderten die Gene der menschlichen Rasse, indem sie die menschliche DNA mit ihrer eigenen vermischten und modifizierten. Sie sind für die Entwicklung des Neokortex verantwortlich und benutzten die menschliche Rasse als fügsame Arbeitskräfte. Beweise für diese Vorgänge finden sich in sumerischen Tafeln und Artefakten. Der Begriff Götter wird auch zur Beschreibung der wahren Identität der Menschheit, die „vergessenen Götter“, verwendet.

Gott: Ramthas Lehren sind die Erläuterung des Satzes: „Du bist Gott." Er beschreibt die Menschheit als die vergessenen Götter: von Natur aus göttliche Wesen, die ihr Erbe und ihre wahre Identität vergessen haben. Genau diese Aussage gibt Ramthas herausfordernde Botschaft an unser modernes Zeitalter wieder, einem Zeitalter voll religiösem Aberglauben und voller Missverständnisse, wenn es um das Göttliche und das wahre Wissen der Weisheit geht.

Gott in uns: Er ist der Beobachter, das wahre Selbst, das primäre Bewusstsein, der Geist, der Gott im Menschen.

Gott/Frau: Die volle Verwirklichung eines Menschen.

Gott/Mann: Die volle Verwirklichung eines Menschen.

Grid℠, The – das Gitter. Dies ist die Dienstleistungsmarke einer von Ramtha entwickelten Technik, mit der Bewusstsein und Energie nach oben bewegt werden und das Nullpunkt-Energiefeld durch mentale Visualisierung absichtsvoll angezapft und das Gewebe der Wirklichkeit zugänglich gemacht wird. Diese Technik wird ausschließlich an Ramthas Schule der Erleuchtung gelehrt.

Große Werk, das: Das Große Werk ist die praktische Anwendung der Lehren der Schulen der Alten Weisheit. Damit sind die Disziplinen gemeint, durch die der Mensch erleuchtet und zu einem unsterblichen göttlichen Wesen wird.

Hertzebene: siehe **erste Ebene**.

Hierophant: Ein Hierophant ist ein Meisterlehrer, der im Stande ist, was er lehrt auch selbst zu manifestieren und seine Schüler in dieses Wissen einzuweihen.

Hyperbewusstsein: Das Bewusstsein der sechsten Ebene und der Gammastrahlenfrequenz.

Involution: Involution ist die Reise vom Punkt Null und der siebten Ebene zu den langsamsten und dichtesten Frequenzebenen und in die Masse.

Jeschua ben Joseph: Jesus Christus wird von Ramtha, entsprechend der jüdischen Tradition der damaligen Zeit, Jeschua ben Joseph genannt.

JZ Knight: JZ Knight wurde als einzige Person von Ramtha als sein Channel auserwählt. Ramtha spricht von JZ als seiner geliebten Tochter. Zu Ramthas Lebzeiten war sie Ramaya, das älteste der ihm anvertrauten Kinder.

Karbuli: Ramthas Bezeichnung für die Kohlenstoffröhrchen, die Mikrotubuli oder das Skelett der Zelle.

Körper-Mind-Bewusstsein: Körper-Mind-Bewusstsein ist das Bewusstsein, das zur physischen Ebene und zum menschlichen Körper gehört.

Kundalini: Kundalini-Energie ist die Lebenskraft eines Menschen. Während der Pubertät sinkt sie von den höheren Siegeln zum unteren Ende der Wirbelsäule hinab. Sie ist ein gewaltiges Energiereservoir, das für die menschliche Evolution vorgesehen ist. Im Allgemeinen wird sie als am unteren Ende der Wirbelsäule zusammengerollte Schlange dargestellt. Diese Energie unterscheidet sich von der Energie, die aus den ersten drei Siegeln kommt und für Sexualität, Schmerz und Leid, Macht und Opfersein verantwortlich ist. Sie wird im Allgemeinen als die schlafende Schlange oder der schlafende Drache beschrieben. Das Aufsteigen der Kundalini-Energie zur Krone des Kopfes wird die Reise der Erleuchtung genannt. Diese Reise findet statt, wenn die Schlange erwacht, sich spaltet und um die Wirbelsäule herumtanzt. Damit ionisiert sie die Rückenmarksflüssigkeit und verändert deren Molekularstruktur, wodurch sich dann das Mittelhirn und die Tür zum Unterbewusstsein öffnen.

Lebenskraft: Die Lebenskraft ist Vater/Mutter, der Geist, der Lebensatem im Menschen. Sie ist die Plattform, von der aus der Mensch seine Illusionen, Fantasievorstellungen und Träume erschafft.

Lebensrückschau: Die Rückschau auf das soeben vergangene Leben. Sie findet statt, wenn der Mensch nach seinem Tod die dritte Ebene erreicht. Der Mensch erhält die Gelegenheit, der Beobachter, der Agierende und der Empfänger seiner eigenen Taten zu sein. Die unerledigten Angelegenheiten dieser Lebenszeit, die in der Lebensrückschau zum Vorschein kommen, bestimmen den Plan für die nächste Inkarnation.

Leere, die (*the Void*): Die Leere wird definiert als ein unermessliches Nichts materiell, jedoch alle Dinge potenziell.

Licht, das: Das Licht bezieht sich auf die dritte Existenzebene.

Lichtkörper: Der Lichtkörper ist das gleiche wie der strahlende Körper. Er ist der Körper, der zur dritten Ebene des bewussten Gewahrseins und des sichtbaren Lichtfrequenzbandes gehört.

Liste, die: Die Liste ist eine von Ramtha gelehrte Disziplin, in der der Schüler eine Liste von Punkten erstellt, die er kennen lernen oder erfahren will. Er lernt dann, darauf in einem analogen Bewusstseinszustand zu fokussieren. Die Liste ist die Vorlage, derzufolge das Neuronetz der Person gestaltet, verändert und umprogrammiert wird. Mit diesem Hilfsmittel kann die Person bedeutende und anhaltende Veränderungen in sich selbst und in ihrer Wirklichkeit herbeiführen.

Menschen, Orte, Dinge, Zeiten und Ereignisse: Dies sind die Hauptbereiche menschlicher Erfahrung, denen die Persönlichkeit emotional verhaftet ist. Diese Bereiche stellen die Vergangenheit des Menschen dar und machen den Inhalt des Emotionalkörpers aus.

Mind: Mind ist das Produkt von Strömen von Bewusstsein und Energie, die auf das Gehirn einwirken und Gedankenformen, holografische Ausschnitte oder neurosynaptische Muster erschaffen, die man Gedächtnis nennt. Die Ströme von Bewusstsein und Energie erhalten das Gehirn am Leben. Sie sind seine Kraftquelle. Die Fähigkeit eines Menschen zu denken gibt ihm seinen „Mind".

Mind Gottes: Gottes Mind beinhaltet den Mind und die Weisheit aller Lebensformen, die je in irgendeiner Dimension, in irgendeiner Zeit und auf irgendeinem Planeten oder Stern gelebt haben, leben oder leben werden.

Multidimensionaler Mind (*dimensional mind*): Der Mind eines Meisters, der nicht mehr länger nur im Rahmen von linearer Zeit oder einer einzigen Raum-Zeit-Dimension denkt. Ein multidimensionaler Mind kann alle Potenziale gleichzeitig sehen.

Mutter-Vater-Prinzip: die Urquelle allen Lebens, der Vater, die ewige Mutter, die Leere. In Ramthas Lehren sind die Urquelle und der Schöpfer Gott nicht dasselbe. Gott, der Schöpfer wird als Punkt Null oder Primäres Bewusstsein gesehen und nicht als die Urquelle, die Leere.

Namensfeld: Namensfeld wird das große Feld genannt, auf dem die Disziplin Feldarbeit (*Fieldwork*[SM]) geübt wird.

Neighborhood Walk[SM] – **Nachbarschafts-Gang.** Diese Dienstleistungsmarke ist eine von JZ Knight entwickelte Technik, mit der Bewusstsein und Energie nach oben bewegt und absichtsvoll unsere Neuronetze und nicht länger erwünschte, fest angelegte Denkmuster abgewandelt und mit neuen Vernetzungen und Mustern unserer Wahl ersetzt werden. Diese Technik wird ausschließlich an Ramthas Schule der Erleuchtung gelehrt.

Neuronetz. Eine Verkürzung des Begriffs „neuronales Netzwerk", einem Netzwerk von Neuronen, die gemeinsam eine Funktion erfüllen.

Obere vier Siegel: Die oberen vier Siegel sind das vierte, fünfte, sechste und siebte Siegel.

Persönlichkeit, die: *Siehe* **Emotionalkörper**.

Primäres Bewusstsein: Das Primäre Bewusstsein ist der Beobachter, das große Selbst, der Gott im Menschen.

Punkt Null: Bezieht sich auf den ursprünglichen Punkt der Bewusstheit, den die Leere geschaffen hat, indem sie sich selbst betrachtete. Punkt Null ist das ursprüngliche Kind der Leere.

Ram: Ram ist eine Kurzversion des Namens Ramtha. Ramtha bedeutet Vater.

Ramaya: Ramtha nennt JZ Knight seine geliebte Tochter. Sie war Ramaya, das erste von Ramthas Adoptivkindern, die er während seines Lebens hatte. Ramtha fand Ramaya verlassen in den Steppen Russlands. Während des Marsches übergaben viele Eltern Ramtha ihre Kinder als Ausdruck ihrer Liebe und höchsten Respekts. Diese Kinder sollten im Haus des Ram aufwachsen. Die Zahl seiner Kinder wuchs auf 133 an, obwohl er selbst nie eigene Nachkommen hatte.

Ramtha (Ethymologie): Der Name Ramtha der Erleuchtete, Herr des Windes, bedeutet Vater. Er bezieht sich auch auf den Ram, der am „schrecklichen Tag des Ram" vom Berg herabkam. „Im gesamten Altertum ging es darum. Und im alten Ägypten gab es eine dem großen Eroberer Ram gewidmete Allee. Die alten Ägypter waren weise genug, zu verstehen, dass diejenigen, die die Straße des Ram entlang gehen konnten, den Wind erobern konnten." Das Wort Aram, der Name von Noahs Enkel, setzt sich aus dem aramäischen Wort *Araa* — das Erde, Landmasse bedeutet — und dem Wort *Ramtha*, das *hoch* bedeutet, zusammen. In diesem semitischen Namen klingt Ramthas Abstieg von dem hohen Berg an, mit dem der große Marsch begann.

Seele: Ramtha bezeichnet die Seele als Buch des Lebens, in dem die ganze Reise der Involution und Evolution des Einzelnen in Form von Weisheit aufgezeichnet ist.

Sekundäres Bewusstsein: Als Punkt Null den Akt der Selbstbetrachtung der Leere nachahmte, erschuf er dabei ein Spiegelbild seiner selbst, einen Bezugspunkt, der die Erforschung der Leere möglich machte. Dieses Spiegelbild wird als Spiegelbewusstsein oder Sekundäres Bewusstsein bezeichnet. *Siehe* **Selbst**.

Selbst, das: Das Selbst ist die wahre Identität des Menschen, die etwas anderes als die Persönlichkeit ist. Es ist der transzendente Aspekt des Menschen. Es bezieht sich auf das Sekundäre Bewusstsein, den Reisenden, der auf seiner Reise der Involution und der Evolution das Unbekannte bekannt macht.

Sechste Ebene: Die sechste Ebene ist das Reich des Hyper-Bewusstseins und des Gammastrahlen-Frequenzbandes. Auf dieser Ebene wird das Einssein mit allem Leben bewusst erfahren.

Sechstes Siegel: Dieses Siegel steht mit der Zirbeldrüse und dem Gammastrahlenfrequenzband in Verbindung. Die Formatio reticularis, die das Wissen des unterbewussten Minds filtert und verhüllt, ist offen, wenn dieses Siegel aktiviert ist. Mit dem Öffnen des Gehirns sind das Öffnen dieses Siegels und die Aktivierung seines Bewusstseins und seiner Energie gemeint.

Senden-und-Empfangen: Senden-und-Empfangen ist der Name einer Disziplin, die Ramtha lehrt. Der Schüler lernt dabei, Zugang zu Informationen zu erhalten, indem er die Fähigkeiten des Mittelhirns nutzt, ohne die sinnliche Wahrnehmung einzusetzen. Diese Disziplin entwickelt die übersinnlichen Fähigkeiten des Schülers, Telepathie und das Vorhersehen zukünftiger Ereignisse.

Shiva: Der Herr und Gott Shiva repräsentiert den Herrn der Blauen Ebene und des Blue Body® (blauen Körpers). Der Name Shiva bezieht sich nicht auf eine einzelne Gottheit im Hinduismus, sondern auf den Bewusstseinszustand der vierten Ebene und des ultravioletten Frequenzbandes sowie auf das Öffnen des vierten Siegels. Shiva ist weder männlich noch weiblich. Er ist ein androgynes Wesen, denn die Energie auf der vierten Ebene ist noch nicht in positive oder negative Polarität aufgespaltet. Hierin liegt ein wesentlicher Unterschied zur traditionellen Darstellung von Shiva im Hinduismus, wo er als männliche Gottheit mit einer Ehefrau dargestellt wird. Das Tigerfell zu seinen Füßen, der Dreizack und Sonne und Mond in Kopfhöhe stellen die Meisterschaft dieses Körpers über die ersten drei Bewusstseinssiegel dar. Die Kundalini-Energie wird als feurige Energie dargestellt, die von der Basis der Wirbelsäule durch den Kopf schießt. Dies ist ein weiterer Unterschied zu einigen hinduistischen Shiva-Darstellungen, in denen die Schlangenenergie aus der Höhe des fünften Siegels oder der Kehle austritt. Weitere Symbole in Shivas Portrait sind die langen dunklen Haarsträhnen und eine Vielzahl von Perlenketten. Sie stehen für einen Reichtum an Erfahrungen, die zu Weisheit wurden. Mit Köcher, Pfeil und Bogen feuert Shiva seinen machtvollen Willen ab, womit er Unvollkommenes zerstört und Neues erschafft.

Sieben Siegel: Die sieben Siegel sind machtvolle Energiezentren, die sieben Bewusstseinsstufen im menschlichen Körper darstellen. Mit Hilfe der Bänder wird der physische Körper in Übereinstimmung mit diesen Siegeln zusammengehalten. Bei jedem Menschen fließt Energie spiralförmig aus den ersten drei Siegeln oder Zentren heraus. Die pulsierende Energie aus den ersten drei Siegeln manifestiert sich jeweils als Sexualität, Pein oder Macht. Wenn die oberen Siegel sich öffnen, wird eine höhere Bewusstheitsstufe aktiviert.

Siebte Ebene: Die siebte Ebene ist die Ebene des Ultra-Bewusstseins und des Frequenzbandes des „Unendlichen Unbekannten". Von dieser Ebene aus wurde die Reise der Involution angetreten. Diese Ebene wurde vom Punkt Null erschaffen, als er den Akt der Kontemplation der Leere nachahmte und so das Spiegel- oder sekundäre Bewusstsein erschuf. Eine Existenzebene oder Raum- und Zeitdimension existiert zwischen zwei Bewusstseinspunkten. All die anderen Ebenen wurden durch Verlangsamung der Zeit und des Frequenzbandes der siebten Ebene erschaffen.

Siebtes Siegel: Dieses Siegel steht in Verbindung mit dem Scheitelpunkt des Kopfes, der Hypophyse und dem Erlangen von Erleuchtung.

Spiegelbewusstsein: Als Punkt Null den Akt der Selbstbetrachtung der Leere nachahmte, erschuf er dabei ein Spiegelbild seiner selbst, einen Bezugspunkt, der die Erforschung der Leere möglich machte. Dieses Spiegelbild wird als Spiegelbewusstsein oder Sekundäres Bewusstsein bezeichnet. *Siehe* **Selbst**.

Superbewusstsein: Das Bewusstsein der fünften Ebene und des Röntgenstrahlenfrequenzbandes.

Tahumo: Tahumo ist eine Disziplin, die Ramtha lehrt, in welcher der Schüler lernt, die Einwirkungen seines natürlichen Umfelds — Hitze und Kälte — auf seinen Körper zu meistern.

Tank®, der: Der Name für das Labyrinth, das ein Teil der Disziplinen von Ramthas Schule der Erleuchtung ist. Die Schüler lernen, mit verbundenen Augen den Eingang zu diesem Labyrinth zu finden und hindurchzugehen, während sie auf die Leere (*the Void*) fokussieren. Sie dürfen die Wände nicht berühren und weder ihre Augen noch ihre anderen Sinne benutzen. Das Ziel dieser Disziplin ist es, mit verbundenen Augen das Zentrum des Labyrinths zu finden oder einen bestimmten Raum, der die Leere darstellt.

Tankfeld: Der Name des großen Feldes, auf dem das Labyrinth steht, das für die Disziplin des Tanks® verwendet wird.

Torsion Process℠ – Torsionsfeldübung. Dies ist die Dienstleistungsmarke einer von Ramtha entwickelten Technik, mit der Bewusstsein und Energie nach oben bewegt werden und durch den Mind ein Torsionsfeld erzeugt wird. Mit dieser Technik lernen die Schüler ein Wurmloch in Raum-Zeit zu erzeugen, die Realität zu ändern und dimensionale Phänomene hervorzubringen, wie Unsichtbarwerden, Bilokation, Teleportation und andere. Diese Technik wird ausschließlich an Ramthas Schule der Erleuchtung gelehrt.

Twilight®: Dieser Begriff bezeichnet eine Disziplin, die Ramtha lehrt. Die Schüler lernen dabei, ihren Körper in einen bewegungslosen Zustand zu versetzen, der tiefem Schlaf ähnelt, und dennoch ihr Bewusstheit aufrecht zu erhalten.

Twilight®Visualisierungs-Prozess: Der Prozess, mit dem die Disziplin der Liste oder andere Visualisierungen geübt werden.

Ultrabewusstsein: Das Bewusstsein der siebten Ebene und des Frequenzbandes des Unbegrenzten Unbekannten. Es ist das Bewusstsein eines aufgestiegenen Meisters.

Das Unbekannte bekannt machen: Dieser Ausdruck bezeichnet den ursprünglichen göttlichen Auftrag, den das Ursprungsbewusstsein erhielt: zu manifestieren und all die unendlichen Potenziale der Leere zur Bewusstheit zu bringen. Dieser Satz stellt die zugrunde liegende Absicht dar, die den dynamischen Evolutionsprozess anfacht.

Unbekannter Gott: Der Unbekannte Gott war der einzige Gott von Ramthas Vorfahren, den Lemuriern. Der Unbekannte Gott repräsentiert auch die vergessene Göttlichkeit und göttliche Herkunft des Menschen.

Unendliches Unbekanntes: Das Frequenzband der siebten Existenzebene und des Ultra-Bewusstseins.

Ungeheuerlich (*outrageous*): Ramtha verwendet dieses Wort im positiven Sinn, um etwas oder jemanden zu charakterisieren, der außergewöhnlich und rar ist, ungehemmt in seinen Taten und über die Maßen kühn oder wild.

Unterbewusstsein (*subconscious mind*): Der Sitz des Unterbewusstseins, des unterbewussten Minds, ist das Kleinhirn oder Reptiliengehirn. Dieser Teil des Gehirns hat seine eigenen, unabhängigen Verbindungen zum Stirnlappen und zum ganzen Körper und hat Zugang zum Mind Gottes, der Weisheit aller Zeiten.

Vierte Ebene: Die vierte Existenzebene ist der Bereich des Brückenbewusstseins und der ultravioletter Frequenz. Diese Ebene wird auch als die Ebene Shivas bezeichnet, des Zerstörers des Alten und Schöpfers des Neuen. Auf dieser Ebene hat sich die Energie noch nicht in positive und negative Ladung gespalten.

Alle andauernden Veränderungen oder Heilungen des physischen Körpers müssen zuerst auf der vierten Ebene und im Blue Body® (blauen Körper) stattfinden. Diese Ebene nennt man auch blaue Ebene oder die Ebene Shivas.

Viertes Siegel: Das vierte Siegel steht mit bedingungsloser Liebe und der Thymusdrüse in Verbindung. Wenn dieses Siegel aktiviert ist, wird ein Hormon im Körper ausgeschüttet, das den Körper bei perfekter Gesundheit hält und den Alterungsprozess stoppt.

Zweite Ebene: Die Existenzebene des Gesellschaftsbewusstseins und des infraroten Frequenzbandes. Sie steht in Verbindung mit Schmerz und Leiden. In der Polarität ist diese Ebene der negative Pol zur dritten Ebene, der Ebene der sichtbaren Lichtfrequenz.

Zweites Siegel: Dieses Siegel ist das Energiezentrum des Gesellschaftsbewusstseins und des infraroten Frequenzbandes. Es steht in Verbindung mit Leid und Schmerz und ist in der Unterleibsgegend angesiedelt.

ABB. A: DIE SIEBEN SIEGEL: SIEBEN BEWUSSTSEINSEBENEN IM MENSCHLICHEN KÖRPER

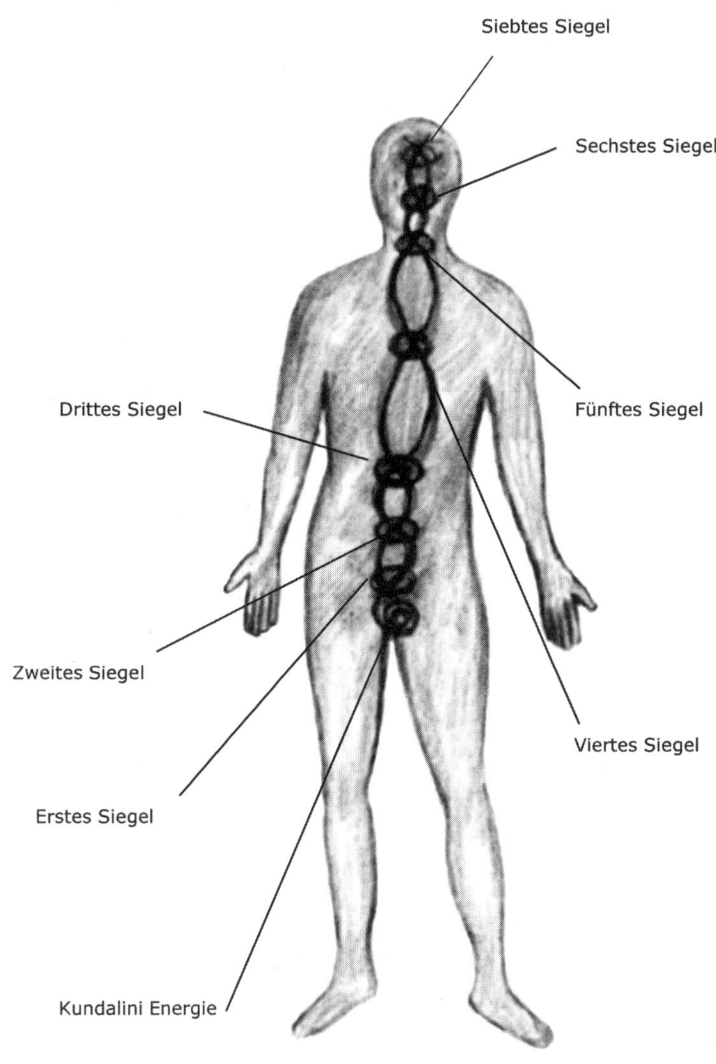

ABB. B: SIEBEN BEWUSSTSEINS- UND ENERGIEEBENEN

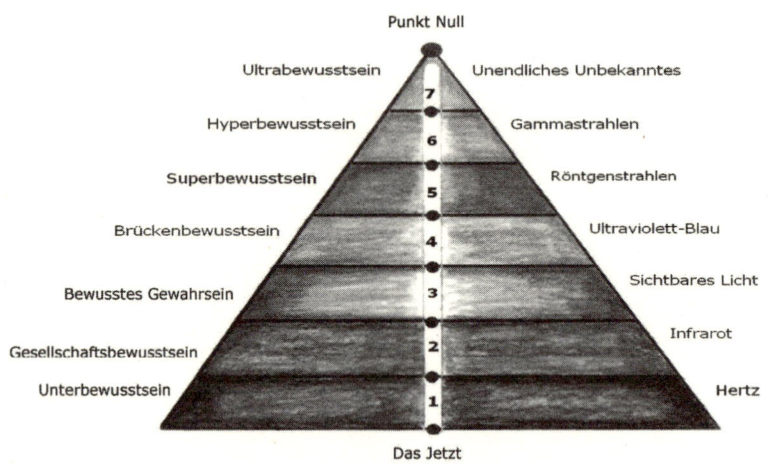

ABB. C: DAS GEHIRN

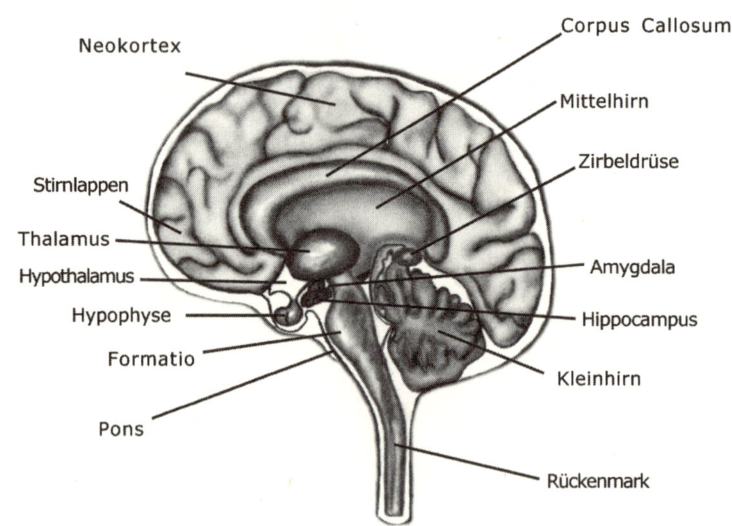

(Footnotes)

[1] Für eine Darstellung davon, was Studenten in Ramthas Schule lernen können, besuchen Sie www.ramtha.com

oder schauen Sie *Ramtha's School: A Look Within*, Video-Ausgabe (Yelm: JZK Publishing, a division of JZK, Inc. 2000) an.

[2] Siehe *Ursprünge und Entwicklung der menschlichen Zivilisation* Teil I von *Die Gedanken eines Meisters über die Geschichte der Menschheit.* In der Tat Verlag, Peiting, 2004.

[3] Das dritte Reich oder die dritte Ebene des sichtbaren Lichtes in Ramthas Modell der Realität.

[4] Die Triade in Ramthas Modell der Realität. Siehe auch Abb. B im Glossar. Spurlos vergehn. Wir sind aus solchem Stoff Wie der zu Träumen, und dies kleine Leben Umfasst ein Schlaf." William Shakespeare, „Der Sturm", IV. Akt, 1.Szene, *Sämtliche Werke*, Phaidon, Athenaion/Essen, S. 20.

[5] Das Fest ist jetzt zu Ende: unsre Spieler, Wie ich Euch sagte, waren Geister und Sind aufgelöst in Luft, in dünne Luft.Wie dieses Scheines lockrer Bau, so werden Die wolkenhohen Türme, die Paläste, Die hehren Tempel, selbst der große Ball, Ja, was daran nur teil hat, untergehn; Und, wie dies leere Schaugepräng erblasst,

[6] „... noch verdiente überhaupt irgend etwas, so wie jetzt, einen bestimmten Namen zu führen, wie Feuer und Wasser und was es sonst noch gibt; sondern alles dieses ordnete er zuerst gehörig, und sodann setzte er hieraus dieses All zusammen als ein einziges belebtes Wesen, welches die Gesamtheit aller besonderen lebendigen Wesen, der sterblichen wie der unsterblichen, in sich schließt." Platon, „Timaios", Sämtliche Werke. Band 3, Berlin [1940], S. 91-192.

[7] Die Reise der Involution durch sieben Ebenen von Bewusstsein und Energie vom Punkt Null bis zur physischen Masse.

[8] Das Infrarot oder die zweite Ebene von Bewusstsein und Energie in Ramthas Modell der Realität[9] Siehe Abb. 2: Unsere Quantenzustandsignatur

[10] Unser Quantenzustand oder unsere Signatur.

[11] „Und er sagte zu mir: Sie sind in Erfüllung gegangen. Ich bin das Alpha und das Omega, der Anfang und das Ende." Bibel, Einheitsübersetzung, Offenbarung 21:6.

[12] Siehe *Dimensional Mind V, Part I: How the Brain Creates Reality,* Audio CD 9227 ed. (Yelm: Ramtha Dialogues, 1992.

[13] Die Liste ist die von Ramtha gelehrte Disziplin, in der Studenten lernen, sich auf eine erstellte Liste von Punkten, die sie kennen lernen oder erfahren wollen, zu fokussieren. Siehe auch *Changing the Timeline of Our Destiny.* Fireside Series, Vol. 1, No. 2 (Yelm: JZK Publishing, 2001). Der *Neighborhood Walk*[SM] *– Nachbarschaftsgang*, von JZ Knight und Ramtha gelehrt, ist eine weiter entwickelte Version dieser Disziplin.

RAMTHA
Die Wiederentdeckung der Perle der Alten Weisheit
DIE GESCHICHTE DER MENSCHHEIT AUS DER SICHT EINES MEISTERS
Teil II
€ 23,80
ISBN: 978-3-89539-045-6

„Ich sage euch, dass ihr das finden werdet, was man eure eigene Beziehung zu Gott nennt. Und in eurer eigenen Beziehung zu Gott definiert ihr sie individuell. Ist sie definiert, werdet ihr ein wahrer und bedeutsamer Student dieses Großen Werkes sein. Ich habe mir in jeder Zuhörerschaft viel Zeit genommen, um über einen langen Zeitraum die Geisteshaltung jedes einzelnen anzusprechen. Und angesprochen habe ich sie sehr gut. Wie schreiben wir das in einem Buch? Wie sagen wir, was die Lehren des Ram sind?“

RAMTHA
DIE GESCHICHTE DER MENSCHHEIT AUS DER SICHT EINES MEISTERS
Menschliche Zivilisation
€ 23,80
ISBN: 978-3-89539-048-7

Das Buch ist sehr umfassend und behandelt die Schöpfung der Menschheit und ihre Bestimmung und den Sieg der Unsterblichkeit. Es wird auf Religionen, Schöpfungstheorien, aber auch auf den Eingriff der Götter vor 455,000 Jahren etc...eingegangen....... Das Buch ist für neue Ramtha Leser geeignet, aber auch ein großer Schatz für alle, die bereits viele Bücher von Ramtha gelesen haben.

Michaels Verlag & Vertrieb GmbH
Ammergauer Str. 80 - 86971 Peiting, Tel.: 08861-59018
Fax: 08861-67091, e-mail: info@michaelsverlag.de
Internet: www.michaelsverlag.de

Ramtha: „Diese Bücher sollen uns nicht nur das Wissen vom WERDEN und MANIFESTIEREN aufzeigen, sondern auch, wer wir sein können und wer wir bisher waren."

Ramtha

Das Eigene Werden

€ 24,90 ISBN: 978-3-89539-058-6

Jede Seite enthält einzelne Gedanken oder Gedankenkomplexe über die Schönheit, Würdigkeit und Macht des menschlichen Geistes. Es soll uns lehren, bedingungslos zu lieben und den „Vater" in uns zu finden.

Ramtha

Das Manifestieren

€ 19,90 ISBN: 978-3-89539-059-3

Dieses Buch ist ebenso gestaltet wie das Buch „Werden". Es zeigt uns, wie man Mangel in Fülle umwandelt und die Vergangenheit und Zukunft in Einklang bringt, um das zu kreieren, was wir möchten. Dieses Buch enthält Techniken, Übungen und Informationen, die uns helfen, zu manifestieren.

Ramtha

Einführung

€ 12,90 ISBN: 978-3-89539-054-8

"Ramtha: eine Einführung - Ausgewählte Lehren" wurde so gestaltet, daß beide Ansprüche befriedigt werden. Es stellt eine informative, leicht zu lesende und unterhaltsame Sammlung von stilistisch überarbeiteten Mitschriften dar, die ausgewählt wurden, um durch eine Vielzahl von Themen einen möglichst breiten Querschnitt durch Ramthas Weisheit vorzustellen.

Ramtha
Elixier mit Namen Liebe
€ 19,80
ISBN: 978-3-89539-039-5

Was ist Liebe wirklich? Ist sie real oder ist sie nur eine Illusion unserer wildesten Träume? Was bringt uns dazu, uns in einen anderen Menschen zu verlieben? Was können wir von unseren Beziehungen erwarten? Was gibt es dabei darüber zu lernen, wer wir wirklich sind?

Ramthas mutige Ehrlichkeit und sein scharfer Geist leiten uns wie niemals zuvor durch das Buch zum Kern der Marterie.

Ramthas mutige Ehrlichkeit und sein scharfer Geist leiten uns wie niemals zuvor durch das Buch zum Kern der Materie.

Beinahe zwei Jahrzehnte nach der Veröffentlichung von *Liebe Dich selbst ins Leben* macht uns Ramtha erneut mit unvergleichlicher Einfachheit und in genialer Weise mit diesem geheimnisvollen Thema im Herzen aller menschlicher Sehnsucht bekannt – diesem Elixier mit Namen Liebe.

A STATE OF MIND
MEIN LEBEN
MIT RAMTHA
€ 25,80
ISBN: 978-3-89539-041-8

Dies ist JZ Knights eigene Geschichte. Es ist der inspirierende Bericht einer Frau, die die widrigsten Umstände überwindet ... die aufrichtige Schilderung einer Seele, die ihre Bestimmung letztlich in der Liebe zu ihrem wahren, zeitlosen Gefährten findet ...

Im Alter von 31 Jahren änderte sich ihr Leben von Grund auf. JZ Knight, Ehefrau, Mutter und erfolgreiche Geschäftsfrau begegnete ihrer Bestimmung - Ramtha, dem Erleuchteten, dem Geist eines 35.000 Jahre alten Kriegers aus dem alten Atlantis. Er gab ihr lebenswichtige spirituelle Botschaften für unsere Zeit. Dieses visionäre Ereignis veränderte ihr eigenes Leben und auch das ungezählter anderer auf der ganzen Welt, die zusammenkamen, um zu sehen und zu hören, wie JZ Knight Ramthas Lehren auf dem zeitlosen Pfad der bedingungslosen Liebe „channelte".

Wendezeit

€ 12,50 ISBN: 978-3-89539-052-4

Im Verlauf seiner Reden legt uns Ramtha ans Herz, in Harmonie mit der Natur - dem Lebensstrom, der unsere Existenz gewährleistet und die einzige Erlebnisebene ist, in der wir unser Gottsein erkennen können - zu fließen. „Jemand der aus dem Traum, genannt Menschheit erwacht, bewegt sich in Harmonie mit der Natur, wie in einer Symphonie. Jemand, der dazu gezwungen ist, für sein Überleben selbst zu sorgen und in dieser Bewährungsprobe aufblüht, hat gelernt enorme Widrigkeiten zu überwinden."

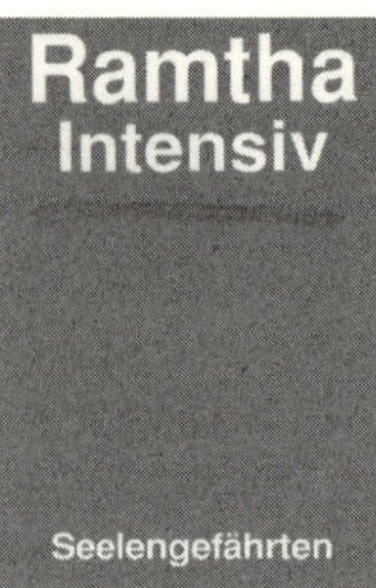

Seelengefährten

€ 12,50 ISBN: 978-3-89539-053-1

Die Romantik von Seelengefährten hat die Phantasie des Menschen schon seit Ewigkeiten gefangengenommen - jener Traum nämlich, dass es irgendwo diese eine besondere Person gibt, die den Leser auszufüllen vermag und das Leben glücklich werden lässt.

Ufos

€ 16,90 ISBN: 978-3-89539-055-5

Sehr einfach und sehr direkt legt *UFOs und ihre Beschaffenheit von Wirklichkeit* offen, wer die Außerirdischen sind, woher sie kommen, und was sie wollen. Dieses Buch ist ein „Muss" für jene, die am UFO Phänomen interessiert sind, und auch für jene, die niemals eine Korrelation gesehen haben zwischen Außerirdischen und Gott. Es ist eine Brücke, die es dem Leser erlaubt, zwischen bisher nicht verfügbaren und oftmals ungeheuerlichen technischen Angaben und der Göttlichkeit des unbegrenzten Gedankens hin und her zu schreiten.